¿Debería ser todos veganos?

¿Deberíamos ser todos veganos?

Molly Watson
Matthew Taylor

BLUME

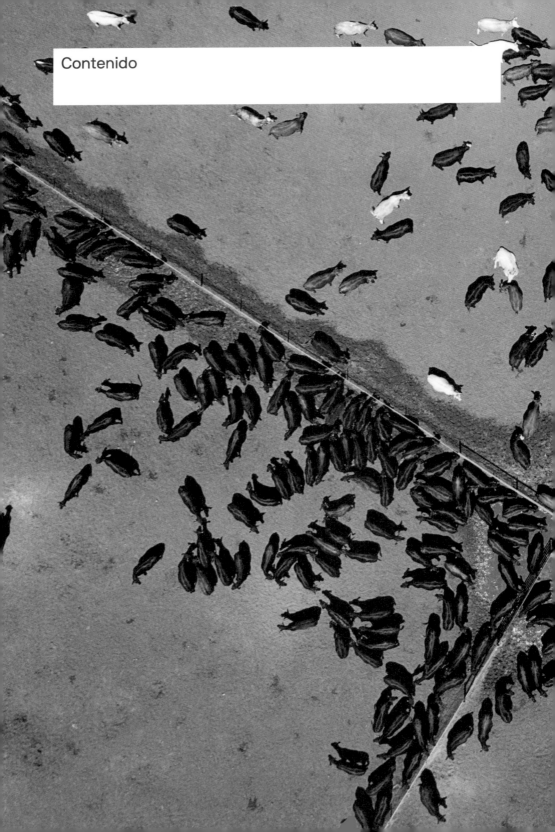

Contenido

A

Las tendencias alimentarias van y vienen, pero el veganismo ha ganado adeptos constantemente durante décadas antes de que su popularidad se disparara en el siglo XXI. Entonces, ¿es la dieta vegana la solución para nuestra salud y el medio ambiente? ¿Podemos ser saludables con una dieta exclusivamente vegana? ¿Cómo sería un planeta vegano?

A   Los activistas de PETA simulan un sacrificio en Londres en el Día Mundial del Veganismo, 2016. Al tratar a un humano como a los animales en los mataderos, buscan resaltar la barbarie de matar y comer animales.

B   Esta pirámide de alimentos de origen vegetal muestra cómo los alimentos naturales (frutas y verduras frescas, granos integrales, legumbres, nueces, semillas y aceites) se pueden consumir en proporción para mantener una dieta vegana saludable y nutritiva.

Las respuestas a estas preguntas tienen un profundo efecto en lo que comemos, en cómo lo cultivamos, en la salud humana y en el medio ambiente.

El veganismo es una dieta que no incluye productos de origen animal. Punto final. Los vegetarianos no comen carne, pescado, lácteos, huevos ni ningún otro producto animal. La diferencia entre un vegano y un vegetariano es que los vegetarianos a menudo comen huevos, productos lácteos o ambos debido a que no se matan animales para producir estos alimentos. Los vegetarianos, por regla general, comen miel y otros productos de origen animal, como el suero de leche, que se derivan de los animales sin matarlos. Algunas personas dicen ser vegetarianas a pesar de que comen pescado y mariscos, pero la mayoría de los vegetarianos y veganos las llamarían piscivegetarianos. También existen los autodenominados flexitarianos, que limitan la frecuencia o el momento en que comen carne, junto con personas que simplemente reducen su consumo de carne y la reemplazan con alimentos de origen vegetal.

Para los que están acostumbrados a las dietas occidentales, una dieta vegana puede parecer restrictiva. Si alguien adopta el veganismo y simplemente elimina los productos de origen animal y aumenta los demás alimentos que ya consume, su dieta puede ser aburrida. Sin embargo, una dieta vegana bien pensada puede estar llena de todo tipo de sabrosos alimentos de origen vegetal.

Las **dietas occidentales** ponen énfasis en la carne y otros productos de origen animal, incluidos los lácteos, así como en los tubérculos, los cereales refinados y los dulces. No suelen alcanzar los objetivos de nutrición de al menos cinco porciones de fruta y verdura al día o la ingesta de fibra, y el consumo de proteínas, grasas saturadas y azúcar es excesivo.

Los **alimentos de origen vegetal** son todos aquellos que provienen de las plantas: frutas, verduras, cereales, legumbres, nueces, semillas y hierbas. Esta categoría incluye alimentos que no se procesan en absoluto, como la zanahoria o la lechuga, así como alimentos que se elaboran a partir de plantas, como el tofu, el aceite de oliva y la harina.

B

Grasas y aceites
(usar con moderación)

Grasas y aceites
(usar con moderación)

Hortalizas de hoja verde
(2-3 porciones diarias)

Legumbres
(2-3 porciones diarias)

Pan
(5 porciones diarias)

Cereales
(5 porciones diarias)

Fruta
(3-4 porciones diarias)

Verduras
(cantidad ilimitada diaria)

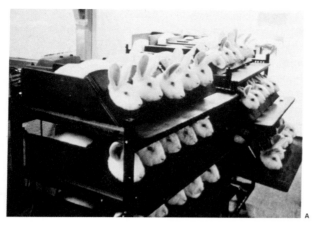

A

B

A   Conejos inmovilizados por el cuello durante las pruebas de irritación ocular de la industria cosmética. Desde 1998, ya no se pueden utilizar animales para ensayos de cosméticos en Gran Bretaña, después de que las empresas aceptaran renunciar voluntariamente a sus licencias. Del mismo modo, la UE prohibió esas pruebas en 2013.

B   Apicultores retiran los cuadros de una colmena para inspeccionar las abejas, evaluar el desarrollo del panal y comprobar si hay ácaros u otras plagas que puedan invadir las colmenas. Estas inspecciones rutinarias pueden llevar a la muerte accidental de las abejas en la colmena o en el cuadro.

C   La tendencia de los restaurantes de dejar que los clientes preparen su propia comida, ya sea un salteado o un *poke*, es una oportunidad ideal para que la gente experimente con combinaciones de verduras de colores vibrantes, cereales y legumbres que forman la base de la mayoría de las comidas veganas.

Las dietas veganas son tan variadas como los mismos veganos. Un desayuno vegano podría consistir en avena, fruta y nueces o tostadas con aguacate espolvoreadas con semillas de sésamo y aceite de oliva virgen extra. Para el almuerzo, los veganos pueden comer un rollito de verduras frescas y asadas o un tazón de chile con cereales, frijoles y tubérculos. Las cenas veganas pueden abarcar desde quinua con verduras salteadas, garbanzos asados y una salsa de hierbas hasta arroz de coliflor al azafrán, tofu marinado y una ensalada fresca. Y de postre, los veganos pueden disfrutar de una granita de fruta con helado de leche de coco o pudín de chocolate con chía.

En resumen, las comidas veganas se elaboran con una amplia variedad de frutas, verduras, cereales, legumbres, hierbas, especias, nueces y semillas. Estos ingredientes se pueden mezclar y combinar en un sinfín de formas nutritivas y sabrosas.

Algunos veganos van un paso más allá y adoptan un estilo de vida que evita todos los productos de origen animal. Para ellos, el veganismo consiste en liberar a los animales de cualquier explotación humana, sin importar cuán aparentemente benigna sea. Es común entre los veganos, e incluso entre los vegetarianos, no usar pieles o cuero, ya que los animales tuvieron que ser sacrificados para fabricar esos productos. Algunos también evitan la seda (de los gusanos de seda) y la lana (de las ovejas) y buscan cosméticos veganos. No usan cepillos de crin de caballo ni compran esponjas naturales.

Las muchas razones para ser vegano encajan en tres categorías principales: ética, ecologismo y salud.

En primer lugar, muchos veganos creen que es moralmente incorrecto matar animales. El paso del vegetarianismo, que aboga por lo mismo, al veganismo proviene de la cuestión de si es ético explotar a los animales para el beneficio humano.

Un ejemplo es la miel, que los veganos estrictos no comen. Aunque no se mata a las abejas por su miel, ellas la fabrican para comer en el invierno. Cuando los apicultores la recogen, no siempre dejan suficiente para las abejas. Luego, para complementar las reservas de la colmena, añaden agua azucarada, que es una fuente de alimento muy inferior para las abejas. Los veganos creen que la miel, la cera de abejas y la jalea real son exclusivamente para el beneficio de las abejas y tomarlas es incorrecto y abusivo.

Las **legumbres** son las semillas o vainas de plantas leguminosas como los guisantes y los frijoles. Entre las legumbres se encuentran las alubias blancas, los guisantes verdes, la soja, los cacahuetes y las lentejas.

Los **cosméticos veganos** no se prueban ni se desarrollan en animales. No contienen ningún ingrediente que provenga de animales, como lanolina, miel, cera de abejas, colágeno, albúmina, carmín, colesterol, gelatina, queratina o goma laca.

c

A

Muchos veganos se plantean cuestiones morales y éticas sobre la cría de animales para uso humano porque los métodos industriales de ganadería los mantienen en espacios confinados, sin la posibilidad de mostrar comportamientos naturales. Una postura moral común es que la ganadería industrial moderna y la cría intensiva de animales explotan en tal medida a los animales y el medio ambiente que no son éticas, sin olvidar que, además, son insostenibles desde el punto de vista ambiental, social y económico.

En segundo lugar, algunos veganos están motivados principalmente por preocupaciones ecológicas y de sostenibilidad.

A   Esta vista aérea de un corral de engorde de Nebraska muestra la gran cantidad de animales que se desplazan y la falta total de pasto u otro ambiente natural para el ganado.

B   Se transporta al ganado de un corral de engorde de Illinois para hacer pruebas. Los ultrasonidos revelarán el contenido de grasa y el marmoleado (grasa intramuscular) de los animales: indicadores clave de que están listos para ser sacrificados y la calidad final de la carne.

La ganadería industrial precisa una gran cantidad de recursos por cada caloría producida, muchos más que las plantas. Cualquier animal criado para la alimentación humana requiere alimento, agua y mano de obra. La carne de vacuno de los corrales de engorde, por ejemplo, necesita hasta 5,5 kilogramos de grano (más de 18 000 calorías) y casi 70 000 litros de agua, además de energía y mano de obra, para producir solo medio kilo de carne de vacuno, que aporta solo 1137 calorías. La ganadería industrial también genera enormes cantidades de productos de desecho que son dañinos para el medio ambiente, como los residuos animales y los pesticidas utilizados en los cultivos destinados a la alimentación animal.

B

En un planeta con una población en expansión, cabe señalar que se puede alimentar a más personas con menos recursos a partir de una dieta basada en plantas.

Tercero, muchas personas adoptan una dieta vegana por razones de salud, y muchos estudios apoyan esta posición.

Seguir una alimentación vegana es una forma clara y efectiva de reducir el colesterol y las grasas saturadas, así como de aumentar los antioxidantes en la dieta. Algunas personas también señalan tener más energía, una piel más tersa y hacer una mejor digestión como consecuencia de seguir este tipo de dieta.

Los **métodos industriales de ganadería** incluyen lo que se conoce como operaciones de ganadería intensiva en Gran Bretaña y operaciones concentradas de alimentación animal en Estados Unidos. Ambos métodos mantienen a un gran número de animales en condiciones de hacinamiento.

Los **comportamientos naturales** son aquellos que los animales se ven impulsados a realizar y que son clave para su salud general, como percharse para dormir (gallinas) u hozar para buscar alimento (cerdos). La incapacidad de expresarlos les provoca estrés e incluso se pueden llegar a lesionar.

Los **corrales de engorde** son lugares en los que se confina al ganado para que engorde y luego sea sacrificado. Por lo general, se desteta a los terneros, luego pasan a alimentarse de pasturas, y, finalmente, se les lleva a estos corrales, donde se les alimenta con piensos a base de cereales para que ganen peso.

A

B

Además, se considera que el veganismo es una forma de perder peso. Aunque una dieta vegana no necesariamente lleva a la pérdida de peso (después de todo, un montón de bocadillos y bebidas gaseosas son veganos), muchas personas indican haber adelgazado después de convertirse en veganas. Un estudio de 2016 publicado en el *Journal of General Internal Medicine* concluyó que una dieta vegana llevó a más pérdida de peso a corto plazo que otros doce planes de alimentación.

Las **costumbres alimentarias** son las prácticas culturales, económicas y sociales relacionadas con la producción y el consumo de alimentos, e incluyen las tradiciones, las diferencias regionales, los ingredientes y las técnicas culinarias.

A pesar de todas esas ventajas, el veganismo también plantea ciertas desventajas. Comer suficientes nutrientes que se encuentran en cantidades concentradas en las fuentes animales es el primer obstáculo. Los desafíos sociales y culturales acompañan a los nutricionales. Seguir una dieta que excluye productos de origen animal puede hacer que comer sea una experiencia estresante. Alejarse del plato tradicional en el que todo gira alrededor de la carne requiere adoptar una actitud totalmente nueva en la preparación de las comidas, especialmente para toda la familia. Finalmente, los antojos por ciertos alimentos son también un problema para algunas personas que prueban el veganismo.

INTRODUCCIÓN

14

A   Walt Disney y su familia, junto a la piscina en Los Ángeles, California, ilustran el auge de la hamburguesa como comida americana estándar.

B   Una cena típica de mediados del siglo xx, donde la carne, de preferencia un gran asado, es la estrella.

El coste de mantener una dieta vegana variada y saludable puede ser considerable, y, para algunos, planificar y cocinar las comidas también representa un esfuerzo mayor. De hecho, los desafíos de hacerse y seguir siendo vegano son tan significativos que más de cuatro de cada cinco veganos y vegetarianos vuelven a comer carne y otros productos de origen animal antes de un año. Menos obvios son los problemas que el veganismo puede plantear en las costumbres alimentarias tradicionales, ya que la demanda de alimentos ricos en nutrientes aumenta y conduce a la explotación de las economías en desarrollo a través de las tendencias alimentarias occidentales.

Este libro examina todo esto y más. El capítulo 1 analiza la historia de por qué la gente ha optado por una dieta sin alimentos de origen animal. El capítulo 2 expone con más detalle las razones por las que la gente se vuelve vegana en la actualidad. El capítulo 3 esboza los desafíos específicos a los que la gente se enfrenta al comer alimentos veganos. El capítulo 4 plantea cómo podría ser un planeta vegano desde el punto de vista ecológico, económico y cultural. La conclusión aborda la diferencia entre un mundo perfecto, teórico e inalcanzable, y uno beneficioso y viable.

Alerta de *spoiler:* las desventajas de ser vegano son en gran parte molestias personales mientras que los beneficios son globales y abundantes. Esto nos lleva a preguntarnos: ¿deberíamos hacernos veganos? ¿Es realmente deseable un cambio tan radical? ¿Es razonable? ¿Es necesario?

1. La evolución del veganismo

A

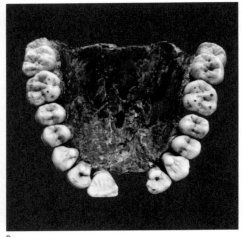

B

Mientras que la palabra *vegano* data de 1944 y el término *vegetariano* fue acuñado solo un siglo antes (de eso hablamos más adelante), la práctica de no comer productos de origen animal se remonta a tiempos prehistóricos.

Biológicamente, los humanos somos omnívoros, y esto nos ha sido de gran utilidad. Los antropólogos creen que empezamos a comer carne hace 2,6 millones de años, más de 2 millones de años antes de que empezáramos a cocinar. Comer carne abundante en calorías y nutrientes puede haber hecho posible el crecimiento de nuestro cerebro y, por lo tanto, contribuyó a hacernos humanos.

La capacidad de comer una amplia variedad de alimentos significa que podemos sobrevivir en muchos entornos y climas diferentes: desde una dieta en la que predomina el pescado en el Ártico hasta una que incluye muchos cacahuetes y batatas en zonas de África occidental. Los humanos han vivido e incluso prosperado con una increíble variedad de alimentos.

Los **omnívoros** son animales que pueden comer tanto plantas como carne, a diferencia de los herbívoros, que solo comen plantas, y los carnívoros, que solo comen carne.

Como omnívoros, los humanos fuimos capaces de subsistir en tiempos de escasez cuando había pocos tipos de alimentos disponibles. En climas más frescos, con temporadas de cultivo más cortas, en invierno la comida podría ser escasa. Dependiendo de cuánto duraban los animales sacrificados o del éxito de la caza, pudo haber períodos en los que la gente adoptaba una dieta vegetariana, e incluso vegana, por necesidad. Debido a que los humanos podemos comer, digerir y subsistir con una extensa gama de alimentos, hemos sobrevivido hambrunas totales. Puede que las algas, las hortalizas de hoja verde y las bellotas no sean particularmente atractivas como alimentos, pero han mantenido a la gente viva durante los tiempos difíciles.

A   Los cráneos humanos pueden ayudar a los antropólogos a determinar cómo vivían nuestros antepasados, incluso saber qué comían.

B   Los dientes, sobre todo los molares, muestran que los humanos evolucionaron para masticar y, por lo tanto, consumir una gran variedad de alimentos, un rasgo físico que nos ha permitido vivir en una variedad de lugares.

C   Alrededor del mundo, los seres humanos prosperan con alimentos tan variados como el hígado de foca en Groenlandia, las frutas tropicales en Bolivia, el panal de miel en Tanzania y la leche de yak en Afganistán.

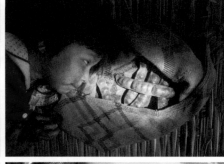

C

Sin embargo, no comer animales por elección es algo muy diferente, con una historia específica relacionada con el conocimiento y la civilización. Las primeras declaraciones conocidas de lo que ahora llamamos «veganismo» vinieron de Pitágoras en la antigua Grecia, alrededor del 500 a. C. Ampliamente alabado como «el primer vegetariano», Pitágoras era un vegano que solo comía alimentos crudos (a los que llamaba «no cocidos») a base de plantas. Antes de que se acuñara el término *vegetariano* en el siglo XIX, una dieta sin carne se conocía en Occidente como una «dieta pitagórica».

A

Pythagoras

Fabe

Pitágoras de Samos (h. 570-h. 495 a. C.) fue un filósofo griego jónico. Es más famoso por la ecuación $a^2 \times b^2 = c^2$, o teorema de Pitágoras, para encontrar el área de un triángulo rectángulo.

Sócrates (h. 470-399 a. C.) es considerado el fundador de la filosofía moral. Su método de enseñanza por medio de preguntas ha sido muy influyente en el pensamiento occidental.

A   Esta acuarela del siglo XVI se titula *No comas frijoles*. Pitágoras no comía ni carne ni frijoles. Las teorías postulan que él creía que había una conexión, a través de la reencarnación, entre las plantas y los humanos.
B   Estas figuras representan la preparación de alimentos en la antigua Grecia: amasar pan y rallar queso. La gente pobre a menudo se quedaba sin carne durante largos períodos y la mayor parte de las calorías provenía del pan, pero, incluso para los pobres, la leche y el queso, así como los mariscos, eran cruciales en la dieta diaria. La elección de Pitágoras de evitar todos los productos de origen animal fue radical en su época.

B

Pitágoras exigía a los estudiantes que querían estudiar con él que ayunaran durante 40 días antes de adoptar su dieta cruda sin alimentos de origen animal. Él pensaba que mientras el hombre continuara siendo el destructor despiadado de seres inferiores, no conocería la salud ni la paz. «Mientras el hombre masacre animales, se matarán unos a otros. Ciertamente, aquel que siembra la semilla del asesinato y dolor no puede cosechar gozo y amor». Pitágoras era claramente vegano por razones morales y éticas. También creía en la metempsicosis, o reencarnación, en la que las almas regresan en diferentes formas después de que la criatura muere. Parte de su decisión de no comer carne vino de la creencia de que los animales tienen alma, y que estas almas quizás alguna vez pertenecieron a personas.

Pitágoras no era el único. Otros filósofos griegos sopesaron el beneficio de comer animales frente al daño que causaba. Durante el siguiente siglo, Platón, Sócrates y Aristóteles creían que, si bien el mundo existía para el uso humano, lo ideal era no matar ni comer animales. Como señaló Sócrates: «Si seguimos con nuestro hábito de comer animales, y si nuestro vecino sigue un sendero similar, ¿no tendremos necesidad de ir a la guerra en contra de nuestro vecino para asegurar mayores pastos, porque los nuestros no serán suficientes para mantenernos, y nuestro vecino tendrá una necesidad similar de declararnos la guerra por la misma razón?».

A

En la misma época, el Buda Gautama, también conocido como Siddhārtha Gautama, el Buda Shakyamuni o simplemente Buda, vivió y difundió su filosofía en la India. Muchos de sus seguidores entienden que sus enseñanzas incluyen la prohibición de comer carne. Otros afirman que veía una diferencia entre la matanza directa e indirecta, por lo que señalaba que incluso aquellos que evitan estrictamente toda comida de origen animal se dedican a la matanza indirecta simplemente al caminar sobre el suelo o labrar la tierra. Sea cual sea la interpretación de sus palabras, muchos de sus seguidores han adoptado dietas sin carne o sin alimentos de origen animal para honrar su precepto de no matar.

En el hinduismo, el vegetarianismo se promueve, pero no se impone. Por el contrario, el jainismo exige a sus adeptos ser vegetarianos. Como el hinduismo, el taoísmo sostiene que una dieta vegetariana es ideal porque disminuye el sufrimiento, pero evitar la carne no es obligatorio. Los monjes taoístas son vegetarianos y a menudo siguen una dieta vegana que también es local y de temporada, ya que creen que comer en armonía con la naturaleza es saludable y calma el espíritu.

Buda (h. 563/480-h. 483/ 400 a. C.) fue un filósofo o sabio cuyas enseñanzas se convirtieron en la base del budismo. Los budistas creen en la reencarnación de los seres sensibles y en el karma como la ley de la causalidad moral.

El **hinduismo** se practica ampliamente en la India y en partes del Asia sudoriental. Tiene numerosas denominaciones y se practica de muchas formas, todas las cuales enfatizan los deberes de honestidad, paciencia, tolerancia, autocontrol, compasión y abstenerse de dañar a los seres vivos.

El **jainismo** es una antigua religión india conocida por su ascetismo, que incluye no dañar a ningún ser vivo.

El **taoísmo**, también conocido como daoísmo, es una filosofía y un sistema de creencias chino centrado en la humildad y en vivir en equilibrio. Se basa en los escritos de Lao Tzu del siglo vi a. C.

Aunque las creencias y prácticas vegetarianas estaban bien establecidas en muchas partes de Asia hacia el año 500 a. C., la buena posición que las dietas sin alimentos de origen animal habían disfrutado gracias a Pitágoras y a sus seguidores se vio afectada durante el Imperio romano. Pequeñas sectas aquí y allá evitaban la carne por elección, y pensadores prominentes como Séneca y Ovidio afirmaban ser «pitagóricos», pero el vegetarianismo no era una filosofía, dieta o estilo de vida popular. Algunas personas seguían una dieta sin carne o incluso sin alimentos de origen animal en la Edad Media, pero esto probablemente se debía a que eran demasiado pobres para comer carne, no porque fuera su postura filosófica. Esta situación se mantuvo en Occidente durante siglos.

B

Spangus. opfo. ca.r.bu. mf. Electo reco-o cui fumi rechuant ao terei. uuanjui; aoui inoven. r apiunr opila nço. Requununu noer nullis tañ Remo noer p q clean fui conceal mur cum mun aur acceto. Que grane murnmum bonium. Conucluer frio. fic. icibr recepmus. i nev. r imegiombi inqunbi replmanr

Parfinace compfo. caña m.f.buia.mf. Eleeno.rubre oulceo-bremales. uuanjum eccteme ommu. puccing aruum uquummu remdar oigouer. Remoro nouuni ci mlu recorione. Que grane iferma r fangunei. acerum fuenuer frif-r-bulis. febr-breme r ommbi regionibi.

Incluso el genio renacentista Leonardo da Vinci (1452-1519), del que se conoce que evitó consumir cualquier alimento de origen animal, es un caso no concluyente. Algunas de las citas que se le atribuyen para probar su dieta sin alimentos de origen animal no le pertenecen o han sido tomadas fuera de contexto. Si bien escribió mucho sobre diversos temas, registró muy poco sobre su vida personal o sus hábitos, por lo que sacar conclusiones resulta problemático.

Sin embargo, algo está claro: Da Vinci sopesó las implicaciones de comer animales y consideró la posibilidad de que, si los humanos dominaban a los otros animales, debían concederles misericordia. Su lógica no fue ampliamente aceptada en su época, pero generó más interés durante la Ilustración en los siglos XVII y XVIII. El pensamiento de la Ilustración desafió nociones preconcebidas y veneró observaciones del mundo natural. John Locke, aunque comía carne, afirmaba que los animales eran capaces de sentir el dolor y de comunicarse, quizás incluso de sentir emociones, y que hacerles daño a propósito estaba mal. Creía que permitir a los niños torturar o matar animales como deporte o por diversión, «endurecería sus mentes hacia los hombres».

A   Esta portada de *The English Hermite* (1655) muestra a Roger Crab, un sastre que se convirtió en herbolario que promovía una dieta sin carne y sin alcohol. Afirmó que, por etapas, subsistía con combinaciones limitadas de alimentos, como nabos y salvado o verduras y chirivías.

B   Los jardines del Palacio de Versalles, diseñados en el siglo XVII, muestran un amplio espacio destinado a los árboles frutales y a las huertas, aunque los miles de habitantes del palacio no eran veganos en absoluto.

La **Ilustración** hizo hincapié en el aprendizaje científico, el conocimiento empírico y la racionalidad. Condujo a una disminución del poder religioso y monárquico, al auge del liberalismo y la democracia, y a la noción de los derechos humanos individuales.

John Locke (1632-1704) fue un filósofo y médico inglés comúnmente conocido como «el padre del liberalismo». Fue un notable pensador en el desarrollo de la teoría del contrato social, que sentó la base de las democracias modernas y los derechos humanos.

Voltaire (1694-1778) fue un escritor, filósofo y dramaturgo francés famoso por su ingenio, que empleó a menudo contra la Iglesia católica. También fue un abierto defensor de lo que ahora conocemos como derechos humanos y libertades civiles.

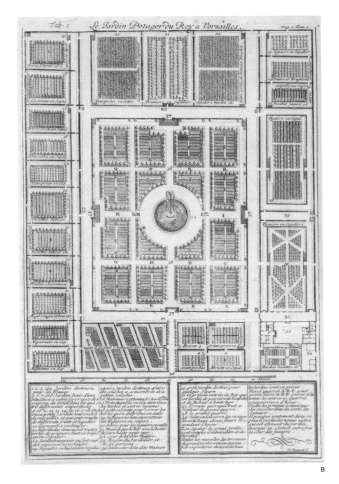

B

Este punto de vista llevó a algunos pensadores muy prominentes a recurrir a dietas sin carne. Se dice que Voltaire, por ejemplo, siguió una dieta pitagórica durante un tiempo. Exploró la idea de que los animales tenían sentimientos y sufrían, y que eran dignos de más respeto del que solían recibir. Como escribió en el *Diccionario filosófico* (1764): «Qué lamentable, qué triste cosa es haber dicho que los animales son máquinas desprovistas de comprensión y sentimientos».

La admiración por la naturaleza y las maravillas naturales del poeta inglés Alexander Pope (1688-1744) claramente influyó en su decisión de no comer carne. Los humanos dominan a los animales y, por lo tanto, deben ser misericordiosos. Su estilo audaz, a menudo satírico, fue particularmente útil cuando describió su absoluto rechazo a comer carne: «Nada puede ser más chocante y horrible que una de nuestras cocinas salpicada de sangre e inundada de los llantos de las víctimas al morir, o con las extremidades de animales muertos esparcidos o colgados por todas partes. Es como la imagen de la guarida del gigante en una novela, con cabezas y miembros destrozados esparcidos por ahí».

Incluso los filósofos de la Ilustración que no reconocían que los animales tuvieran mucho en común con los humanos en cuanto a espíritu o sentimientos, como Immanuel Kant, a menudo estaban de acuerdo en que su matanza innecesaria era moralmente mala para la gente que lo hacía. Él afirmó: «Si el hombre no debe ahogar sus sentimientos, tendrá entonces que practicar la amabilidad hacia los animales, porque el que es cruel con los animales se vuelve duro también en sus relaciones con los hombres. Podemos juzgar el corazón de un hombre por su trato a los animales».

A

Immanuel Kant (1724-1804) fue un filósofo alemán cuya doctrina del idealismo trascendental ha influido de forma considerable en la filosofía moderna. Argumentó que la razón es la base de la moralidad.

A   Este retrato de 1803 muestra a Joseph Ritson, un vehemente promotor de una dieta sin carne que creía que «el consumo de productos de origen animal inclinaba al hombre a actuar con crueldad y agresividad».

B   A medida que los filósofos, poetas y comunidades religiosas exploraban una variedad de dietas sin carne en el siglo XIX, la época también vio el surgimiento de mataderos industrializados, como el de Besanzón en Francia, diseñados para ser eficientes más que para tratar humanitariamente a los animales.

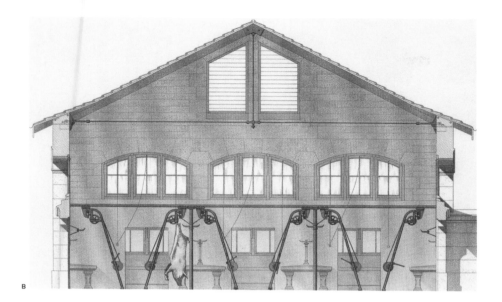

B

Mientras tanto, al otro lado del Atlántico, Benjamin Franklin (1706-1790), uno de los padres fundadores de Estados Unidos, también experimentó con una dieta sin carne. Al igual que Voltaire, la magnitud de su compromiso es difícil de precisar, pero su admiración por los efectos de vivir sin carne es evidente. «Mi negativa a comer carne causó inconvenientes», escribió, «y me regañaron con frecuencia por mi singularidad. Pero mi alimentación frugal me permitía avanzar más, tener una mayor claridad mental y facilitaba la comprensión». A diferencia de Voltaire, el atractivo de no comer carne parece impulsado por los resultados que Franklin sintió personalmente más que por principios filosóficos. Esto muestra un cambio en cómo y por qué las personas se planteaban si debían comer animales.

A

El pensamiento de la Ilustración usó la razón y la racionalidad para cuestionar a la Iglesia y otras creencias tradicionales, incluida la moralidad de comer animales. A principios del siglo XIX, los románticos aplicaron el mismo enfoque para reflexionar sobre sus experiencias personales, basándose en la evaluación de Franklin de cómo le hacía sentir una alimentación sin carne.

Cuando el poeta inglés Percy Bysshe Shelley (1792–1822) escribió *A Vindication of a Natural Diet* en 1813 (recuerde que el término *vegetariano* no existía todavía), podía dar por sentado el ideal moral de no matar al prójimo y centrarse en los beneficios para la salud de una dieta sin alimentos de origen animal: «No hay enfermedad, corporal o mental, que la adopción de una dieta vegetal y agua pura no haya mitigado infaliblemente, dondequiera que el experimento haya sido justamente probado».

Su esposa, Mary Wollstonecraft Shelley (1797-1851), autora de *Frankenstein o el moderno Prometeo* (1818), tenía una relación menos clara con la alimentación a base de plantas, pero se rumoreaba que seguía la dieta sin carne de su marido. Curiosamente, hizo que su creación literaria, el monstruo a menudo incomprendido del Dr. Frankenstein, fuera herbívoro. Como él explica en la novela: «No destruyo al cordero ni al cabrito para saciar mi apetito; bellotas y bayas me brindan la nutrición suficiente». Mary usó la dieta de la criatura para señalar su naturaleza esencialmente pacífica.

Además de los Shelley, se dice que el poeta romántico Lord Byron (1788-1824) tampoco comía carne. La decisión de este parece haber estado menos vinculada con la moralidad o incluso el bienestar físico que con el ascetismo y la autoprivación como actividad espiritual. Aunque evitaba la carne, aparentemente no le planteaba ningún problema comer pescado, y su dieta extrema a veces se limitaba a galletas y agua.

La filosofía **romántica** subrayaba la importancia de la imaginación y la emoción y creía que la mejora de la condición humana dependía de la conciencia de sí mismo y de la experiencia personal del individuo. La literatura romántica tendía a centrarse, o, por lo menos, a basarse en material autobiográfico.

B

A   El *Album Benary* (h. 1876) es la obra de Ernst Benary, un botánico alemán que amplió y modernizó el cultivo de semillas de hortalizas. A medida que aumentaba la conciencia del vegetarianismo, se incrementaba la disponibilidad de una inmensa variedad de verduras.
B   Este grabado en madera ruso del siglo XVIII muestra diferentes escenarios en los que el mundo está al revés. El «buey como carnicero» central se sacó de la fábula de Esopo, en la que los bueyes deciden no matar a los carniceros porque por lo menos hacen su trabajo con destreza y causa el mínimo sufrimiento.

Mientras los románticos británicos experimentaban con dietas sin carne, también lo hacían destacados trascendentalistas estadounidenses. Henry David Thoreau señaló que la gente que pensaba que no podía ser saludable y fuerte sin carne para formar músculo y hueso (un mito común en esa época) no había tomado en cuenta a todos los grandes animales vegetarianos, como los caballos y las vacas. Concluyó: «No tengo dudas de que es parte del destino de la raza humana, en su gradual mejora, dejar de comer animales, tan seguro como que las tribus salvajes han dejado de comerse entre sí».

A medida que creció el interés por dejar de comer carne, la práctica recibió un nuevo nombre: vegetarianismo.

Los **trascendentalistas** siguieron una filosofía idealista conectada con el romanticismo y la filosofía kantiana. El trascendentalismo afirma la primacía de la experiencia individual, la importancia de la autosuficiencia y la divinidad inherente a la naturaleza.

Henry David Thoreau (1817-1862) fue un poeta y filósofo estadounidense conocido por su libro *Walden* (1854). Como destacado trascendentalista, usó la lógica y la observación empírica de la Ilustración, junto con la veneración del mundo cotidiano y natural de los románticos, en su búsqueda de significado y propósito.

La **Iglesia cristiana bíblica**, fundada en 1809, creía que una dieta sin carne era una forma de moderación o control del apetito.

A

B

Alcott House fue una comunidad espiritual cooperativa y una escuela progresiva, en lo que hoy es el Gran Londres, que funcionó de 1838 a 1848. Los miembros no comían alimentos de origen animal y practicaban el celibato.

El **avivamiento religioso** ocurrió durante el siglo XIX cuando se iniciaron muchas nuevas sectas cristianas, incluidas la Iglesia de Jesucristo de los Santos de los Últimos Días y la Iglesia adventista del Séptimo Día. Tendían a centrarse en la segunda venida de Jesucristo y en la importancia del comportamiento moderado. Algunos de estos grupos practicaban diferentes niveles de vegetarianismo o veganismo.

La **Iglesia adventista del Séptimo Día** es una denominación cristiana protestante fundada en 1863 en Míchigan. Enfatiza la inminente segunda venida de Jesucristo y observa el sábado como día de reposo.

Un grupo de personas que incluía a miembros de la Iglesia cristiana bíblica y Alcott House, así como a lectores de la revista *The Truth Tester* (una publicación sobre salud y templanza), popularizó la palabra *vegetariano* cuando formaron la Sociedad Vegetariana en Ramsgate, Inglaterra, en 1847. Tal como demuestran los fundadores de la sociedad, la alimentación sin carne a veces se incluía en los avivamientos religiosos del siglo XIX. Los adventistas del séptimo día fueron y siguen siendo partidarios del vegetarianismo por sus propiedades para la salud. Aunque el vegetarianismo no es obligatorio en la Iglesia Adventista del Séptimo Día, se practica con frecuencia.

A   Esta caricatura de *Punch* (1852) se burla del vegetarianismo fantaseando sobre sus consecuencias naturales. En esta época, las dietas sin carne o sin alimentos de origen animal eran una práctica radical asociada a la política progresista o a un cristianismo evangélico.

B   El libro *Penny Vegetarian Cookery: The Science and the Art of Selecting and Preparing a Pure, Healthful and Sufficient Diet* (1891) del doctor Nichols presenta una mezcla de declaraciones de propiedades saludables y promociones de sus productos de salud e higiene patentados, como el jabón.

A

Los hermanos Will Keith Kellogg (1860-1951) y John Harvey Kellogg (1852-1943), famosos por haber inventado el moderno cereal para el desayuno, eran adventistas. John Harvey era nutricionista y activista de la salud. Fundó un sanatorio en Battle Creek, Michigan, donde el vegetarianismo era parte del tratamiento, junto con enemas, ejercicio, sol e hidroterapia. Era un ferviente eugenista que creía en la superioridad de la raza blanca y en la necesidad de perfeccionarla aún más a nivel individual y grupal. Pensaba que el vegetarianismo ayudaría a crear sangre pura y abogó por no comer carne a través de la Fundación para la Mejora de la Raza, que él estableció. Junto con el vegetarianismo, promovió la abstinencia sexual y encabezó campañas contra la masturbación. Hay muchas razones para creer que nunca consumó su matrimonio, ya que él y su esposa adoptaron a siete hijos y acogieron a más de 40.

El escritor ruso León Tolstói (1828-1910) también era vegetariano, y buscaba inspirar a otros a seguir su ejemplo. Sus pensamientos sobre el vegetarianismo se remontan a los de los antiguos filósofos

Un **sanatorio** es un balneario o *spa* médico. No debe confundirse con la instalación médica para asistencia a largo plazo del mismo nombre.

Los **eugenistas** eran seguidores de la eugenesia. Popular a finales del siglo xx y principios del xx, la eugenesia se sostuvo como prueba científica de la perfectibilidad de la raza humana. Alentó la reproducción de personas con rasgos deseables y desalentó la de aquellos con rasgos indeseables.

Mahatma Gandhi (1869-1948) fue un activista indio que protestaba contra el dominio colonial británico. Lideró protestas no violentas e inspiró a movimientos de derechos civiles en todo el mundo.

Henry Stephens Salt (1851-1939) fue un escritor inglés que se centró en la reforma social. Se le atribuye el mérito de ser la primera persona en defender la noción moderna de los derechos de los animales, y no solo su bienestar.

A   Del *The Battle Creek Sanitarium* (1913) de John Harvey Kellogg, quien desarrolló muchos alimentos especiales que se ajustaran a su idea de lo saludable: soso, bajo en grasa, bajo en proteína, sin carne y alto en fibra. Los pacientes del sanatorio recibían planes de tratamiento y dietas individuales. El yogur se prescribía con frecuencia y es un ejemplo de cómo la dieta de Kellogg era vegetariana, pero no vegana.

griegos: «que el movimiento [vegetariano] debería causar una alegría especial a aquellos cuya vida consiste en establecer el reino de Dios en la tierra [...] porque es un signo de que la aspiración de la humanidad hacia la perfección moral es seria y sincera».

Los escritos de Tolstói sobre el vegetarianismo como fuente del progreso humano influyeron nada menos que en Mahatma Gandhi. Los dos entablaron una larga correspondencia sobre su interés mutuo en la no violencia y la paz, y el vegetarianismo era parte y símbolo de ambas. Como dijo Gandhi: «Creo que el progreso espiritual demanda en algún momento que dejemos de matar a nuestros prójimos para satisfacer nuestros deseos corporales». Henry Stephens Salt introdujo a Gandhi por primera vez al vegetarianismo como una postura filosófica y política, en lugar de como un mandato religioso, y le mostró los pensamientos de Thoreau sobre el consumo de carne.

A

B

Un ejemplo muy entretenido de rechazo de la carne
procede del dramaturgo irlandés George Bernard Shaw
(1856-1950). Comenzó a eliminar la carne de su dieta
para ahorrar dinero, pero ser vegetariano se convirtió
en parte de su sentido de superioridad moral y física.
Escribió: «Me parece, estudiándome a mí mismo,
que soy notablemente superior si se me compara
con otros escritores, periodistas y dramaturgos,
y me complace atribuir esto a mi abstinencia
de carne. Ese es el simple y sencillo motivo en
el que debemos basar nuestra dieta sin carne».
Para Shaw, el vegetarianismo consistía en
perfeccionar el yo.

A lo largo de la historia,
no comer carne o declararse
vegetariano tuvo, al igual
que hoy, una serie de
significados.

La etiqueta «vegetariano estricto» a menudo se refería a alguien que no comía ningún producto de origen animal. Luego, en 1944, Donald Watson acuñó el término «vegano» como una forma de diferenciar entre los vegetarianos estrictos y los menos estrictos. El objetivo era llegar a algo más conciso que «vegetariano no lácteo». Watson señaló que un nombre más corto también le ahorraría tiempo al escribir el boletín de noticias de su grupo de vegetarianos estrictos, que en adelante se conocería como la Sociedad Vegana. Otras posibilidades que consideró fueron «no-lácteo», «vitano» y «benévoro».

Incluso con el nuevo nombre, el veganismo no ganó mucha tracción en la sociedad en general. Aunque el número de vegetarianos autodeclarados aumentó en Gran Bretaña durante la Segunda Guerra Mundial, esto pudo deberse a que tal declaración condujo a mayores raciones de queso, que eran más grandes y seguras que las de carne.

Donald Watson (1910-2005) fue un activista inglés por los derechos de los animales. En Yorkshire, el lugar donde creció, no comer carne era algo inaudito, pero Watson se quedó atormentado después de presenciar la matanza de un cerdo en la granja de su tío y renunció a la carne a la edad de 14 años. Dejó de comer huevos y productos lácteos en su edad adulta.

Durante el racionamiento de la posguerra, llevar una dieta más restringida no era muy atractivo. El hecho de que Hitler fuera vegetariano tampoco ayudó a la imagen del movimiento en Occidente. Cuán estricto o consistente era Hitler de vegetariano sigue siendo discutible. Su catadora de alimentos afirmó que nunca comió carne mientras ella ocupó el cargo, mientras que su cocinero antes de la guerra dijo que la comía regularmente. En cualquier caso, su interés en el vegetarianismo parece haber surgido de las nociones de pureza corporal que fueron desarrolladas a finales del siglo XIX por vegetarianos como John Harvey Kellogg.

A   En esta caricatura satírica alemana (h. 1910), el conejo declara: «¡Nada de sentimentalismo falso! El principio de la investigación libre presupone que yo viviseccione a este humano en favor de la salud del mundo animal».

B   Esta caricatura sobre la ley contra la vivisección de Goering de 1933 apareció en *Kladderadatsch*. Sorprendiendo a muchos, el Partido Nazi impulsó medidas de protección de los derechos de los animales.

C   En *The Vegan News* (1944), Watson escribió: «[...] creemos que el destino espiritual del ser humano conducirá a que en el futuro contemplemos con horror que nos hemos alimentado de productos hechos con los cuerpos de otros animales».

c

La dieta sin alimentos de origen animal siempre ha sido una práctica radical en Occidente, y sus practicantes a menudo han sido considerados unos marginados. Sin embargo, en las décadas de 1960 y 1970, el hecho de estar al margen de la sociedad perdió parte de su estigma. Los estilos de vida no convencionales se hicieron más comunes, y rechazar la carne ganó popularidad.

En la decisión de convertirse en vegano comenzaron a influir nuevos factores. Las consideraciones morales y de salud seguían siendo importantes, pero las preocupaciones por el medio ambiente y el bienestar de los animales (y cómo podrían estar relacionadas) surgieron como nuevas razones para evitar los alimentos derivados de los animales.

A

A En la década de 1970, varias comunas, como The Farm (una «comunidad intencional» en el centro de Tennessee), exploraron las posibilidades de la cocina vegetariana y vegana a gran escala.
B La Sociedad Internacional para la Conciencia de Krishna es una rama del hinduismo que data del siglo XVI en Bengala. Sus seguidores comen una estricta dieta vegetariana, y muchos sostienen que una dieta vegana es un ideal aún más alto.

B

En 1971, la autora estadounidense Frances Moore Lappé (n. 1944) escribió *Diet for a Small Planet*. Todavía se imprime y hasta la fecha se han vendido más de tres millones de ejemplares. Su popularidad se debe a la forma en que vincula la producción de carne, los residuos alimenticios y los impactos ambientales, lo que dio a una generación una nueva razón para evaluar su consumo de productos de origen animal. La cuestión moral en torno a lo bueno y lo malo del consumo de carne ya no solo se refería a la salud personal o a la ética individual; se trataba de la supervivencia como especie y la salud del planeta. Lappé redefinió lo que comemos no solo como un acto dietético o culinario, o incluso moral como tantos vegetarianos lo hicieron antes, sino también como un acto político. Subrayó que nuestra dieta no solo es importante para nuestra salud, sino también para el mundo en general. Lo personal es político, como dice el dicho, incluso en forma de comida. Además de mostrar cómo el hambre en el mundo no es el resultado de la falta de alimentos, sino de la distribución ineficiente de los recursos, el libro ofrece consejos sobre alimentación saludable y recetas sencillas.

En 1975, el profesor de ética australiano Peter Singer (n. 1946) publicó *Animal Liberation*. Su postura tiene un doble enfoque. Cree que la gente debe tratar de reducir el sufrimiento de la manera más efectiva posible. No dañar, y mucho menos matar, animales es parte de esto porque, argumenta, la línea entre humanos y animales es arbitraria. Los humanos y los grandes simios, por ejemplo, son más parecidos que los grandes simios y las hormigas. También se opone a la experimentación con animales en la mayoría de los casos y ha contribuido a popularizar el movimiento mundial en pro de los derechos de los animales, lo que ha llevado a dejar de probar productos en animales por defecto. Su trabajo ha añadido un claro razonamiento moral para suscitar un mayor interés en las dietas vegetarianas y veganas.

Cuando Paul McCartney anunció que era vegetariano en 1975, estimuló aún más el interés en la práctica. Su esposa Linda publicó un libro de cocina vegetariana en 1989 y lanzó una línea de alimentos vegetarianos en 1991. Paul es ahora un vegano declarado y promueve la campaña Lunes Sin Carne para animar a la gente a comer alimentos vegetarianos o veganos una vez a la semana.

Otro hito importante en la evolución del veganismo fue el documental *The Animals Film* (1981). Codirigido por Victor Schonfeld y Myriam Alaux, la película relata

A

A Filmación de *The Animals Film*. El primer largometraje documental que hace un análisis exhaustivo de la explotación animal y que destaca de forma positiva el activismo por los derechos de los animales.
B Greenpeace ganó fama por denunciar la violencia de las industrias que explotan a los animales, como se ve en esta campaña contra las pieles fotografiada por David Bailey en 1986.

It takes up to 40 dumb animals to make a fur coat.

But only one to wear it.

GREENPEACE

If you don't want animals to be gassed, electrocuted, trapped or strangled, don't buy a fur coat. 36 Graham Street London N1 8LL. Tel: 01-251 3020

B

la explotación animal (en la agricultura, como mascotas, para entretenimiento, en la investigación científica y militar) utilizando escenas filmadas al efecto, imágenes secretas del gobierno, dibujos animados, noticieros y extractos de películas de propaganda. También describe las acciones e ideas del movimiento internacional por los derechos de los animales y del Frente de Liberación Animal. La película se estrenó en cines de Estados Unidos, Canadá, Alemania, Austria, Australia y Gran Bretaña, y recibió los elogios de la crítica. Causó su mayor impacto en Gran Bretaña, cuando se emitió en televisión en Channel Four en noviembre de 1982, y, después, en SVT2 de Suecia. Esto impulsó a muchos espectadores a convertirse en activistas permanentes por el veganismo.

Más recientemente, en 2002, Michael Pollan (n. 1955) publicó su artículo «Power Steer» en el *New York Times* y abrió el debate no solo del bienestar animal, sino de todo el sistema de producción. Sigue la vida de un ternero desde su nacimiento hasta su sacrificio, y muestra cómo el bienestar animal, el impacto medioambiental y las preocupaciones nutricionales forman parte de un único sistema. También destaca el impacto que la ganadería industrial tiene en los animales, en nuestra comida y en el medio ambiente en general. La convincente explicación del artículo sobre cómo criamos vacas para nuestro beneficio, sin tener en cuenta sus inclinaciones naturales, dietas o sistemas digestivos, tocó la fibra sensible de la gente que empezaba a interesarse más por el origen de sus alimentos. Aunque el propio Pollan aboga por una existencia omnívora ética y considerada que procure que los animales se críen de una mejor manera, su investigación abrió un debate más amplio sobre el bienestar animal e ilustró cómo se producen los alimentos.

A

El aumento de las celebridades que han elegido el veganismo en las últimas décadas ha ayudado a impulsar la adopción de una dieta y un estilo de vida veganos.

En 1985, el álbum *Meat is Murder* de The Smiths influenció a muchos fanáticos a hacerse vegetarianos. Su líder, Morrissey, siempre ha defendido los derechos de los animales, y se convirtió en vegano en 2015. La actriz Alicia Silverstone ha defendido la dieta vegana durante más de una década. El músico Moby es otro famoso que ha sido activista vegano durante muchos años. Explicó: «Si no quieres ser golpeado, encarcelado, mutilado, asesinado o torturado, entonces no deberías aprobar tal comportamiento hacia nadie, sea humano o no».

Entre los veganos conocidos se encuentran Mike Tyson, Ellen DeGeneres, Ellen Page, Gwen Stefani, Sinéad O'Connor y Thom Yorke.

La actriz Natalie Portman promueve activamente el veganismo y explica su decisión en términos similares a los que Pitágoras hubiera usado: «Para mí, comer es una manera de proclamar mis creencias tres veces al día. Esa es la razón por la cual todas las religiones tienen reglas sobre la comida. Tres veces al día, me recuerdo a mí misma que valoro la vida y que no quiero causar dolor ni matar a otros seres vivos. Esa es la razón por la cual me alimento de la forma en que lo hago».

A La creciente disponibilidad de comida vegana se extiende a servicios, como es el caso de Purple Carrot, una empresa con sede en Estados Unidos que envía paquetes de comida para ayudar a la gente a cocinar comida vegana en casa.

B La moda vegana está en alza, desde zapatos y botas hasta cinturones y bolsos. Los artículos que una vez se elaboraron con cuero, como las botas del Dr. Martens, se producen con materiales alternativos (a menudo denominados libres de crueldad), que incluyen la polipiel: un cuero sintético de poliuretano.

B

A

El exvicepresidente de Estados Unidos y ambientalista Al Gore, que escribió y narró *Una verdad incómoda* (2006), ha sido vegano desde 2013, siguiendo los pasos del expresidente de Estados Unidos Bill Clinton, que se hizo vegano tres años antes para mejorar su salud cardíaca y perder peso.

Más allá de una marea de celebridades, el creciente interés por los alimentos de origen vegetal es evidente, ya que el mercado de alimentos veganos crece en todo el mundo. Esto incluye la apertura de restaurantes y panaderías veganas, la creación de quesos veganos y la producción de alimentos veganos congelados. Incluso Francia, una nación famosa por su costumbre de comer carne y queso, ha visto aumentar la demanda de proteínas vegetales (tofu, seitán, etc.).

La industria estaba valorada en más de 34 millones de USD en 2016 y se esperaba un crecimiento de un 25 por ciento anual hasta 2020.

Es difícil calcular exactamente cuántos veganos hay. La gente define el veganismo de manera diferente, y las cifras se basan en información autodeclarada. Sin embargo, el número de personas que dicen ser veganas va en aumento. En 2018, el 7 por ciento de los británicos se definieron como veganos. En Estados Unidos, en 2014, solo el 1 por ciento de la población dijo serlo. Para 2017, la cifra había aumentado al 3 por ciento o incluso al 6 por ciento dependiendo de la encuesta. El veganismo también tiene una buena posición en países como Polonia, donde el 7 por ciento de la población afirma seguir una dieta vegana, Israel (5 por ciento) y Suecia (4 por ciento). Aunque estas cifras representan la tendencia creciente en Occidente, no hay punto de comparación con la India, donde una historia de normas religiosas y culturales que rechazan el consumo de animales significa que el 27 por ciento de la población declara seguir una dieta vegana.

Para elaborar el **tofu** se muelen y cuelan los granos de soja, se coagula la «leche» resultante para separar los sólidos de los líquidos, y luego se presionan los sólidos en forma de bloques.

El **seitán** está hecho de proteína de trigo o gluten. Tiene una textura parecida a la carne y proporciona una cantidad de proteínas similar a esta.

A   Biocultura es una feria internacional que presenta productos ecológicos y sostenibles de todo el mundo, incluida una cantidad cada vez mayor de sustitutos de carne veganos.
B   Impossible Foods ha creado una hamburguesa vegana que «sangra» (*superior*) debido a un extracto de levadura que le da el color rojo y un sabor mineral a carne de vacuno. McDonald's introdujo la McVegan (*inferior*) en 2017.

B

2. ¿Por qué hacerse vegano hoy?

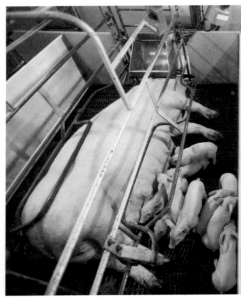

A

Las razones para hacerse vegano, morales, ecológicas y por salud, están interconectadas de manera convincente.

Si alguien cree que la carne es sinónimo de asesinato, el vegetarianismo es la solución obvia a su objeción moral de matar animales. Si alguien cree que la explotación animal está mal, el veganismo ofrece la misma escapatoria para no cometer acciones no éticas.

Las preocupaciones éticas sobre la explotación animal se incrementan en gran medida por la forma en que la mayoría de los animales se crían en nuestro sistema alimentario actual. Las condiciones son a menudo tan malas que es fácil entender que alguien decidiera no participar.

B

Las megagranjas o la ganadería intensiva y los mataderos industriales forman parte de un sistema que busca la eficiencia y la economía a toda costa. Estas granjas, también conocidas como operaciones concentradas de alimentación animal (OCAA), se clasifican como aquellas que crían más de 40 000 aves, 2000 cerdos o 750 cerdas reproductoras, en Gran Bretaña, y 125 000 pollos de engorde, 82 000 gallinas ponedoras, 2500 cerdos o 700 vacas lecheras o 1000 bovinos para carne, en Estados Unidos. La más grande de estas granjas en Gran Bretaña tiene más de un millón de pollos, 23 000 cerdos y 3000 cabezas de ganado. Las consecuencias son muchas, e incluyen las pésimas condiciones en las que viven los animales. Originadas en Estados Unidos, donde había más de 19 000 instalaciones de este tipo en 2016, ahora hay más de 800 de ganadería intensiva en Gran Bretaña, y casi todos los condados de Inglaterra e Irlanda del Norte contienen al menos una granja de estas. En Brasil, las OCAA sustituyen constantemente los métodos tradicionales de cría de ganado, ya que el país trata de criar más carne de vacuno sin aumentar las tierras de pastoreo mediante la tala de bosques. Incluso en Francia, donde los sindicatos de granjeros han luchado contra las megagranjas, se han abierto establecimientos lecheros a gran escala capaces de ordeñar 1000 vacas. Por supuesto, esta cifra es modesta si se compara con la instalación lechera para 40 000 vacas en Mudanjiang (China), que se amplió en 2016 para albergar 100 000. Según las Naciones Unidas, las OCAA representan el 72 por ciento de la producción avícola, el 42 por ciento de la de huevos y el 55 por ciento de la de cerdo en todo el mundo.

A

Los pollos, ya sean criados
para carne (pollos de engorde)
o para huevos (gallinas ponedoras), se
mantienen habitualmente en terribles
condiciones de hacinamiento. Incluso
después de las mejoras promulgadas
en 2012, las gallinas ponedoras
siguen manteniéndose con frecuencia
en jaulas en batería del tamaño
de una hoja de carta o A4 que
no son lo suficientemente grandes
para la envergadura de sus alas
extendidas, de un metro de ancho.
Antes de estas mejoras, tales jaulas
eran hasta la mitad de este tamaño.

Las **jaulas en batería** se diseñaron
para facilitar la recolección
de huevos. También evitan que
las aves se muevan demasiado
y usen su energía en cualquier
otra cosa que no sea la producción
de huevos.

El **despique** se produce cuando
a un polluelo le cortan o queman
el pico sin anestesia. El proceso
es doloroso y priva a los pollos de
uno de sus principales receptores
sensoriales.

Hasta 2012, todos los pollos en Gran Bretaña también se solían
despicar para evitar que se picotearan unos a otros hasta matarse.
Existe un orden jerárquico estricto basado en el picoteo dentro de
los grupos de pollos, que se manifiesta cuando los de mayor estatus
picotean a los de uno inferior. Una vez que se establece el orden
jerárquico dentro de un grupo, los pollos tienden a vivir en relativa paz,
siempre y cuando dispongan de un gran espacio para vivir y suficiente
alimento y agua. Los problemas surgen cuando hay escasez de espacio
o de comida. Las aves que no pertenecen a un grupo establecido
pueden ser picoteadas hasta la muerte si son incapaces de defenderse.
Los pollos también se picotean entre sí cuando están estresados o
frustrados, por ello se procede al despique. A las gallinas ponedoras
todavía hoy les cortan los picos en Europa y Estados Unidos.

A los pollos de engorde no les va mucho mejor. Los que están en granjas más industriales viven en corrales poco iluminados que albergan hasta 30 000 aves. Aunque no están en jaulas, se les asigna la misma pequeña cantidad de espacio por ave. En este grado de confinamiento, las enfermedades se propagan rápidamente, por lo que el uso de antibióticos es común.

Estos pollos no lucen nada naturales. Cuando se les cría para ser máquinas de poner huevos y producir carne, a menudo no pueden ponerse en pie o caminar correctamente ni siquiera cuando se les da el espacio para hacerlo.

Las condiciones insalubres y de hacinamiento que se permiten en Estados Unidos provocan que las enfermedades, en particular la salmonela, estén muy extendidas, por lo que es una práctica común lavar a las aves en cloro para «desinfectarlas». Cuando se ejecuta correctamente, esto puede reducir la propagación de enfermedades, pero el proceso a menudo es insuficiente, lo que expone la carne a químicos fuertes que no matan todas las bacterias. Esta práctica también puede reducir el olor y permitir que la carne «pase» por fresca por más tiempo. El lavado con cloro está prohibido en la UE, que , ante todo, se centra en mejorar las normas de higiene para limitar el crecimiento de las bacterias.

A   La industrialización de la incubación y la cría de gallinas ponedoras en masa incluye una línea de montaje eficiente y condiciones de fábrica. También implica matar a todos los pollos machos: en una cámara de gas, asfixiados o triturados vivos.

B   Incluso el tamaño de los polluelos ha aumentado en casi un tercio desde la década de 1950, y su tasa de crecimiento se ha multiplicado por diez. También se les ha criado para tener un pecho grande con el fin de satisfacer la creciente demanda de carne blanca.

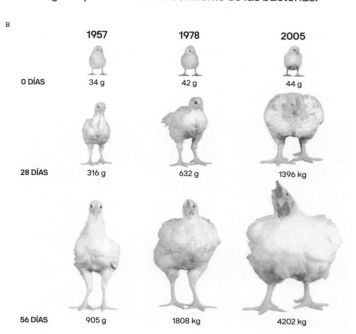

	1957	1978	2005
0 DÍAS	34 g	42 g	44 g
28 DÍAS	316 g	632 g	1396 kg
56 DÍAS	905 g	1808 kg	4202 kg

La situación no mejora para los mamíferos que criamos.

Los cerdos se mantienen en condiciones igualmente tortuosas. Las cerdas reproductoras se colocan en jaulas parideras tan pequeñas que no pueden darse la vuelta, y a los lechones se les suelen cortar los dientes para evitar que se muerdan entre ellos en las condiciones de hacinamiento. El suelo de los corrales está enrejado para dejar pasar los desechos. Estos duros suelos son tan poco naturales para los cerdos, que evolucionaron para recorrer las praderas y los bosques, que se les ha criado para tener pezuñas más duras.

Al igual que los pollos, se les ha criado para crecer más grandes y más rápido con menos alimento, por lo que estos animales no pueden sobrevivir fuera de la industria ganadera. En algunos mataderos, se aturden más de 1000 cerdos por hora, lo cual hace imposible que tengan una muerte compasiva. Algunos siguen vivos cuando los sumergen en el tanque de escaldado.

A

B

A   La matanza industrial de pollos es un negocio de ritmo acelerado. No todas las aves están necesariamente muertas antes de ser sumergidas en agua hirviendo para quitarles las plumas.

B   En una época, las vacas lecheras pastaban en los prados durante el día, pero ahora se enfrentan a condiciones industriales que impiden sus comportamientos naturales. Algunas incluso permanecen bajo techo, sin acceso a la hierba que sus estómagos están diseñados para digerir.

A las vacas lecheras las tratan un poco mejor. En la mayoría de los lugares, se tiene a las vacas lecheras en pastizales la mayor parte del año y se alojan en áreas de razonable tamaño durante el invierno. Sin embargo, existe la ganadería intensiva, donde las vacas permanecen siempre encerradas en establos de ordeño. En las megagranjas lecheras de Estados Unidos, las vacas viven en establos y se alimentan con pienso en lugar de pastar en los prados. Esta dieta sin hierba, o con poca, conduce a problemas digestivos, porque, como rumiantes, las vacas están diseñadas para procesar la hierba, no el grano. Además, la cría de animales de alto rendimiento puede hacer que las vacas lecheras sean tan productivas que sus ubres sean lo suficientemente pesadas como para causarles dolor y dificultad para caminar o mantenerse de pie.

B

A   Los activistas por los
    derechos de los animales
    dan a los cerdos su último
    trago de agua al llegar
    al matadero Farmer John
    en Vernon, California.
    Los activistas realizan
    estas vigilias para protestar
    contra las condiciones,
    el tratamiento y el sacrificio
    de los animales.
B   En el camino al matadero,
    el suelo del camión se cubre
    de desechos, por lo que
    los animales permanecen
    de pie sobre sus propias
    heces y respiran el tóxico
    amoníaco de su ácido úrico.
C   Carniceros sacrifican
    y cortan el ganado en
    un matadero de Nairobi,
    Kenia. Deben comprobar
    que los cadáveres no
    tengan bolsas de plástico,
    prohibidas en Kenia en 2017,
    que quedan atrapadas
    en los árboles y arbustos
    y son ingeridas por los
    animales, incluido el ganado.

El ganado vacuno se cría en pastizales
la mayor parte de su vida, pero su parada
final en los corrales de engorde en la
mayoría de los países lo hace vulnerable
a todos los problemas de hacinamiento y
enfermedades que se encuentran en otras
instalaciones de cría intensiva de animales.

Los corrales de engorde están tan llenos que las plantas
que las vacas comen de forma natural no pueden crecer en
la tierra cubierta de estiércol. En lugar de pastar, las reses
se alimentan de lo que les ayude a engordar de una forma
rápida y económica. La mayoría de las veces se alimentan
de cereales, a menudo de maíz, junto con heno o forraje y
algunas proteínas de soja. En algunos países, entre ellos
Estados Unidos, también se les puede dar subproductos
alimenticios, como cuellos de remolacha azucarera, las
migajas de las instalaciones de panificación y el cereal
usado de las destilerías. Durante la fase de acabado de

la producción industrial de carne de vacuno, con la excepción del ganado que se alimenta con pasto durante todo el proceso, los animales no comen nada, aparte del heno, que comerían naturalmente por elección, con independencia de dónde se críen.

Además, en lo que respecta al momento del sacrificio, se ha demostrado que un gran número de animales experimenta miedo, pánico y dolor.

Para muchos, incluso el transporte hasta el matadero es un viaje estresante que pone en peligro su salud. Se suelen utilizar varas calientes y picas eléctricas para trasladar el ganado a vehículos de transporte que están abarrotados, calientes y mal ventilados. A menudo falta agua. Los empujones, el ruido y los movimientos bruscos producidos mientras se les guía por rampas y toboganes causan estrés, lo cual se ha demostrado que afecta a la calidad de la carne.

c

A

Si bien las malas condiciones crean dolencias físicas, también impiden que los animales exhiban comportamientos naturales básicos que les den placer y promuevan su comodidad y salud. El hecho de no poder comportarse con naturalidad provoca que estén estresados, sean agresivos y se hagan daño. Todo el sistema ha llevado a algunas soluciones extremas: los cerdos no pueden revolcarse en el barro para enfriarse, por lo que sus corrales deben tener aire acondicionado; los pollos no pueden bañarse en el polvo para protegerse de los ácaros y piojos, por lo que se utilizan pesticidas para controlarlos.

La alteración del comportamiento se extiende a la forma en que los animales se relacionan entre sí. Los pollos no pueden establecer un orden jerárquico natural y por eso se picotean. Se separa a los terneros de las vacas lecheras poco después del nacimiento, mientras que, si se les dejara seguir sus instintos naturales y necesidades físicas, el destete no se produciría hasta después de nueve o doce meses. Los cerdos, animales sociales que son más inteligentes que los perros e igual de afectuosos, no pueden cavar huecos en los que dar a luz, y mucho menos criar a sus lechones o socializar.

Obviamente, las condiciones son terribles para los animales, pero estos métodos también son perjudiciales para los trabajadores de la granja.

La exposición a grandes cantidades de desechos animales puede provocar problemas digestivos, posible contaminación por cualquier bacteria o virus y problemas respiratorios. Más allá de la exposición a los residuos, la vacunación o la administración de antibióticos y otros fármacos a grandes poblaciones de animales puede dar lugar a que los granjeros se pinchen accidentalmente, e incluso se han visto casos de traumas psicológicos entre los trabajadores por tener que dañar a los animales que cuidan. En la ganadería intensiva se matan muchos lechones y pollos por estar enfermos: a los primeros, con un golpe en la cabeza, y a los segundos lanzándolos contra el suelo.

A   Los lechones tienen un alto índice de bajas en las operaciones de ganadería intensiva. Algunos enferman; otros son aplastados por las condiciones de hacinamiento. No son los únicos: las tasas de mortalidad de las cerdas casi se duplicaron entre 2013 y 2016 en estas granjas de Estados Unidos.

B   Unos trabajadores salen de una fábrica de pollos Tyson en Springdale, Arkansas, después de una fuga de cloro (el cloro se utiliza para desinfectar la carne).

C   Un trabajador camina por una granja de pollos intensiva mientras retira las aves muertas o heridas. Es una tarea habitual en cualquier granja de este tipo.

B

C

A Trabajadores de una fábrica de pollos china cortan aves enteras en trozos para su venta. La mano de obra barata significa que China importa pollo y exporta los resultados procesados.

B Trabajadores bosnios empaquetan pollo halal en una fábrica cerca de Visoko. Bosnia se posiciona como un exportador de productos de carne halal. Tales exportaciones obviamente aumentan la huella de carbono de la carne en cuestión.

La velocidad a la que se pide a los trabajadores de la industria cárnica que funcionen, las herramientas afiladas y los fuertes productos químicos utilizados hacen que su exposición a lesiones duplique la media para trabajos similares. Y las lesiones pueden ser significativas: problemas de espalda, desgarros musculares, nervios comprimidos, huesos rotos y cortes profundos son muy comunes.

Seguir una dieta vegana es una de las formas en que ciertas personas adoptan una postura contra el sistema de procesamiento industrial y su crueldad con los animales y las personas. Ni un céntimo del dinero que gasta un vegano en comida apoya directamente tales prácticas. Pero para la gente a la que le indigna este sistema, aunque no necesariamente esté en contra de la cría de animales, quizás la respuesta sea mejorar las condiciones de los animales.

A

Los cerdos pastoreados podrían vivir al aire libre siguiendo sus disposiciones sociales naturales; los pollos podrían pasar sus días cazando y picoteando en los campos; el ganado alimentado con pasto podría ayudar a restaurar la tierra sobreexplotada removiendo el suelo con sus pezuñas y aportando estiércol para enriquecer el suelo. Los animales criados con tanto cuidado costarían más y habría menos. Sin embargo, como veremos, comer menos carne estaría bien.

Las consecuencias medioambientales de la ganadería industrial pueden ser tan terribles como el trato a los animales. Es otra razón por la que la gente puede elegir seguir una dieta vegana.

B

A

En la ganadería tradicional, los desechos animales forman parte de un «ciclo virtuoso», en el que el estiércol se devuelve al suelo como <mark>fertilizante</mark>. Los rumiantes remueven el suelo en los campos mientras pastan; los pollos mantienen a los insectos bajo control mientras picotean. Este sistema se corta cuando los animales están encerrados en corrales. Si los animales se mantienen en condiciones de confinamiento y hacinamiento, producen más residuos de los que pueden absorber los campos vecinos.

Algunos residuos de la ganadería intensiva pueden procesarse como estiércol, pero a menudo hay demasiado.

El **fertilizante** se utiliza para devolver nitrógeno y carbono al suelo. El estiércol es particularmente valorado porque libera nitrógeno con lentitud. Demasiado nitrógeno puede «quemar» las plantas.

Los estanques o lagunas de desechos porcinos esparcen un olor nocivo que traspasa los corrales, y el agua que se usa para limpiar los cobertizos aumenta el consumo general del agua. Los residuos de los corrales de engorde de ganado se asientan en el suelo y, a menudo, son arrastrados por la lluvia a las vías fluviales cercanas.

B

Además del gran volumen de residuos, las heces y la orina se combinan en la ganadería intensiva. La orina, aunque está llena de nitrógeno, potasio y otros nutrientes que son un buen fertilizante, también contiene sodio. Además, gran parte del nitrógeno se encuentra en cantidades concentradas, lo que significa que debe ser diluido para que funcione como un fertilizante eficaz. Cuando se combina con las heces, la cantidad de orina puede hacer imposible el uso de los residuos.

A/B El contenido de más de 110 lagunas de estiércol (fosas al aire libre o pozos negros de desechos porcinos) en diferentes granjas industriales de cerdos en Carolina del Norte se inundó durante el huracán Florence de 2018. Muchas de ellas liberaron su contenido en las aguas y el entorno circundante, lo que causó una contaminación generalizada. Las inundaciones pasadas han mostrado niveles peligrosos de *E. coli* y *Clostridium perfringens* incluso después de que las aguas retrocedieran.

Las granjas industriales emplean un gran volumen de agua, lo que impacta negativamente en el medio ambiente, sobre todo en zonas secas. La carne suele utilizar mucha más agua para «crecer» que otros alimentos, y cada año casi una cuarta parte del agua dulce del mundo se destina al ganado.

La carne de vacuno, el peor infractor, necesita hasta 15 400 litros de agua para crear un solo kilogramo. Un kilogramo de la mayoría de las legumbres requiere alrededor de 4000 litros, aunque la soja solo necesita la mitad. Casi todas las frutas y verduras requieren mucho menos: las manzanas solo consumen 822 litros por kilogramo de fruta cosechada.

Los antibióticos que se dan al ganado no desaparecen una vez que se administran, sino que viven en la carne, en los desechos de los animales y en el medio ambiente.

Pero la resistencia a los antibióticos aumenta. Entre las razones se incluyen el exceso de prescripciones de antibióticos a los seres humanos, la toma de antibióticos cuando no son necesarios (para un virus, por ejemplo) y no terminar el tratamiento completo según lo prescrito. También puede ocurrir cuando se administran a los animales dosis subterapéuticas de antibióticos, como suele ocurrir en la ganadería a gran escala.

La **resistencia a los antibióticos** se produce cuando una bacteria se vuelve resistente a un antibiótico. Esto ocurre porque la bacteria está expuesta a los antibióticos, pero no muere y se reproduce.

A

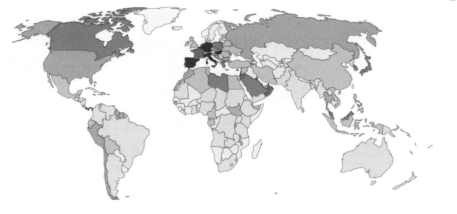

| No hay datos | 0 mg | 25 mg | 75 mg | 125 mg | 175 mg | 450 mg |
| | 10 mg | 50 mg | 100 mg | 150 mg | 200 mg |

Uso de antibióticos en el ganado (mg/PCU)

Té	Cebada	Tostada	Trigo
90 l de agua para 750 ml	650 l de agua para 500 g	650 l de agua para 500 g	650 l de agua para 500 g

Azúcar de caña	Café	Leche	Sorgo
750 l de agua para 500 g	840 l de agua para 750 ml	1000 l de agua para 1 l	1400 l de agua para 500 g

Hamburguesa	Queso	Mijo	Carne de vacuno
2500 l de agua para 1 hamburguesa (150 g de carne)	2500 l de agua para 500 g	2500 l de agua para 500 g	4650 l de agua para 1 filete (300 g)

B

Sin embargo, se están haciendo progresos al respecto. El uso de antibióticos en los pollos de engorde se ha reducido drásticamente en Gran Bretaña desde 2012. Ahora representan el 22 por ciento del uso de antibióticos en la industria cárnica, a pesar de que las aves de corral constituyen el 50 por ciento de la carne que se consume. Debido a la solicitud popular y a la nueva expectativa en muchos ámbitos de que las aves de corral estén libres de antibióticos, los grandes productores también reducen su uso en Estados Unidos. Perdue Farms, por ejemplo, lo ha disminuido en un 98-99 por ciento y otros productores siguen su ejemplo.

A Este mapa de 2010 muestra que el uso de antibióticos en el ganado permanece elevado en los países industrializados, pero se generaliza a nivel mundial.

B Estas estadísticas muestran el uso del agua para diferentes alimentos, según waterfootprint.org. Ilustran cómo los productos de origen animal requieren mucha más que los de origen vegetal.

En general, la dieta de alguien que come carne utiliza 17 veces más suelo, 14 veces más agua y 10 veces más energía que la de un vegano. Parte de esto se debe a que usamos mucho terreno para cultivar el alimento de los animales que comemos. De los 5000 millones de hectáreas de tierras agrícolas del planeta, empleamos casi el 70 por ciento para pastar o cultivar alimentos para el ganado. Alrededor del 40 por ciento de los cereales cultivados cada año, y un cuarto de millón de toneladas de soja, se destinan a la alimentación de ganado. El tratamiento de los animales y su impacto ambiental ha impulsado a varias empresas a cultivar carne o músculo en laboratorio a partir de células madre de animales. En 2019, producir 115 gramos de esa carne costaba unos 600 USD, pero eso es menos que los 300 000 USD que valía en 2013. Y se crea sin matar o maltratar animales y con una huella ambiental muy diferente.

A

La **sobrepesca** (sobreexplotación) es un término que se utiliza para describir un exceso de capturas de peces de una población silvestre, por encima de los que pueden reproducirse, lo que lleva a la disminución del número de esa especie con el tiempo.

La **captura incidental** es cualquier animal que quede atrapado en una red de pesca que los pescadores no pueden o no tienen intención de vender. Puede incluir delfines, tortugas, tiburones y otras especies. Puede morir durante el proceso de pesca.

La **acuicultura** es la cría y recolección de peces y mariscos en un entorno cerrado.

El impacto ambiental de comer animales no se detiene en la tierra. La disminución de las poblaciones de peces en todo el mundo, la destrucción del medio ambiente por los métodos de pesca y el aumento de la contaminación de los océanos son el resultado del consumo de pescado y mariscos.

En 2016, casi el 90 por ciento de las reservas de peces estaban totalmente explotadas o sobreexplotadas, en contraste con aproximadamente el 65 por ciento en 2000. En 2016, las personas consumían un promedio de 20 kg de pescado al año, en comparación con 10 kg de la década de 1960. Para pescar a esta escala, la industria ha desarrollado tecnologías que dañan aún más el medio ambiente: anzuelos y redes que arrastran el fondo del océano y enormes redes que capturan especies distintas a los tipos de peces previstos, lo que da lugar a la captura incidental.

La mayoría de las operaciones de acuicultura no están mucho mejor. Aunque se ha avanzado, la práctica tiende a utilizar más recursos, como peces más pequeños, para producir el pescado que cultiva, lo que conlleva una pérdida neta de energía. Otros problemas son el uso de antibióticos y la contaminación por los piensos utilizados, así como el escape de peces de cultivo a poblaciones silvestres, que pueden propagar enfermedades o introducir nuevos genes. Algunas actividades de acuicultura, en particular de bivalvos como ostras, mejillones y almejas, son ambientalmente sostenibles y pueden ayudar a limpiar las vías fluviales.

Para los veganos estrictos, incluso un criadero de ostras ambientalmente útil es una explotación. Sin embargo, para los que se preocupan por el medio ambiente, la acuicultura de bivalvos es una bendición culinaria y ecológica.

A   Atún congelado para subasta en el mercado de pescado de Tsukiji en Tokio. La popularidad del *sushi* fuera de Japón ha aumentado la demanda de atún. Varias especies de atún rojo y patudo ya se consideran en peligro de extinción.

B   La pesca de arrastre, que consiste en arrastrar una red a través del océano o a lo largo del fondo marino, es muy destructiva porque recoge indiscriminadamente cualquier cosa que encuentre a su paso.

C   La pesca de cerco aísla una zona y une la sección objetivo, y así extrae todo lo que hay en ella fuera del agua. Conlleva menos captura incidental que la pesca de arrastre.

Mientras que el altruismo y la sostenibilidad pueden ser prioridad para algunos veganos, para muchos otros es su salud. La dieta vegana se ha vinculado con varios beneficios sanitarios.

A

En general, los veganos tienden a comer más fibra dietética e ingerir más ácidos grasos poliinsaturados, ácido fólico, vitaminas C y E, magnesio e incluso hierro. Una dieta vegana también suele ser más baja en calorías, grasas saturadas y colesterol. Todo ello repercute en la salud. Los veganos tienden a tener menos colesterol LDL, presión arterial inferior, un menor riesgo de sufrir enfermedades cardíacas y una menor incidencia de diabetes tipo 2. Incluso tienen un menor riesgo de padecer ciertos tipos de cáncer.

Tener **diabetes tipo 2** significa que el cuerpo no produce suficiente insulina o no puede utilizar la que produce, lo que dificulta que el cuerpo utilice o procese la glucosa en sangre. A su vez, esto eleva los niveles de azúcar en sangre y provoca una serie de síntomas, como fatiga, problemas renales, pérdida de visión y problemas de circulación. Sin el cuidado apropiado, puede conducir a un ataque cardíaco o a una apoplejía.

El **colesterol** es una sustancia parecida a la grasa que se necesita para construir células y producir hormonas, así como para otras funciones corporales. Nuestro cuerpo produce todo el colesterol que requiere. En consecuencia, la ingesta de colesterol adicional puede aumentar la cantidad en nuestro cuerpo, en particular de LDL (el colesterol «malo») en nuestra sangre. El exceso de este puede bloquear las arterias o causar un aumento

de la presión arterial así como enfermedades cardíacas.

La **grasa saturada** es cualquier grasa que se vuelve sólida a temperatura ambiente. Se encuentra en la carne, los huevos, los lácteos y algunos pescados y mariscos, así como en el aceite de coco y el de palma.

Dado que los veganos no comen ningún producto de origen animal y el colesterol proviene únicamente de este tipo de productos, no es de extrañar que tengan un menor riesgo de desarrollar enfermedades relacionadas con niveles elevados de colesterol.

Además, los veganos tienden a comer menos grasas saturadas que quienes consumen carne. Si bien algunos aceites tropicales, como el aceite de coco y el aceite de palma, contienen grasas saturadas, la mayoría se encuentran en productos de origen animal. En la dieta occidental, centrada en la carne, la gente tiende a ingerir muchas más grasas saturadas de lo que se considera saludable. El británico medio, por ejemplo, come un 29 por ciento más de grasas saturadas de lo recomendado, mientras que el estadounidense promedio, un 18 por ciento más. Por supuesto, existe la paradoja francesa: los franceses consumen mucha más grasa animal que los estadounidenses (108 gramos frente a 72 gramos) y, sin embargo, su incidencia de enfermedades cardíacas es mucho más baja. Esta contradicción se ha explicado de muchas maneras, incluso con teorías sobre niveles más altos de consumo de vino tinto, pero, en general, no parece haber una verdadera paradoja: los franceses pueden consumir más grasa animal, pero dentro de una dieta habitual que esté llena de frutas, verduras y otros ingredientes integrales.

Incluso la carne más saludable tendrá algo de colesterol y grasa saturada. Las menos nutritivas tendrán niveles altos y, si se procesan, es probable que incluyan altas cantidades de sodio y aditivos. En 2015, la Organización Mundial de la Salud llegó a clasificar la carne procesada como «cancerígena», junto con el asbesto y el arsénico.

B

A Aunque la conexión entre una dieta rica en carnes rojas y los posibles problemas de salud no es un secreto, el Heart Attack Grill de Las Vegas, Nevada, ofrece a sus clientes grandes porciones de comida con alto contenido de grasa y colesterol.
B En *Man vs. Food: Crónicas carnívoras*, el anfitrión viaja por Estados Unidos para comer alimentos regionales y participar en desafíos extremos, desde comer comida superpicante o sándwiches de 2 kg hasta beber enormes jarras de Bloody Mary.

Dado que nuestro cuerpo utiliza grasas saturadas para producir colesterol, comer mucha grasa saturada puede aumentar los niveles de colesterol. Así que, nuevamente, no es de sorprender que los veganos tengan menos problemas de niveles de colesterol altos.

Además, un mejor nivel de colesterol tiende a estar asociado con una menor presión arterial. Si las arterias se estrechan o bloquean, el corazón tiene que trabajar más para bombear la sangre a través de ellas, lo que eleva la presión sanguínea. Por eso, tanto el colesterol alto como el aumento de la presión arterial están relacionados con un incremento del riesgo de padecer enfermedades cardíacas: el corazón se esfuerza más para hacer el mismo trabajo y pueden producirse obstrucciones en el músculo cardíaco. Con una presión arterial alta también hay un mayor riesgo de sufrir un accidente cerebrovascular y de desarrollar demencia.

No es que los veganos no puedan tener presión arterial alta o desarrollar enfermedades cardíacas, pero una dieta vegana reduce el riesgo de sufrir tales problemas. De hecho, una dieta sin alimentos de origen animal se prescribe a veces para reducir la presión arterial o para recuperarse de una enfermedad cardíaca. Es importante destacar que también se ven beneficios si se reduce el consumo de carne. No se trata de todo o nada.

A

A Es fácil seguir planes de comidas veganas económicas que incluyan muchas verduras nutritivas, cereales enteros y legumbres.

B En todo el mundo, los gobiernos, las ONG y las escuelas ofrecen clases de cocina saludable, a base de plantas, con ingredientes frescos. En la imagen se ve cómo pacientes hipertensos o diabéticos aprenden a preparar un aderezo para ensaladas en el Brockton Neighborhood Health Center, Massachusetts.

B

La relación entre el veganismo y la disminución del riesgo de padecer diabetes tipo 2 es igual de sencilla. La dieta y el peso son factores importantes que contribuyen al desarrollo de este trastorno. Seguir una dieta rica en cereales enteros, legumbres, nueces, semillas y productos agrícolas (que los veganos tienden a comer) y mantenerse delgado (como tienden a hacer los veganos) reduce el riesgo de desarrollar la enfermedad.

También hay pruebas de que una dieta vegana puede ayudar a combatir enfermedades inflamatorias como muchos trastornos autoinmunes, el síndrome del colon irritable y las alergias. Algunas personas han logrado mantener a raya trastornos crónicos como la artritis siguiendo una dieta vegana.

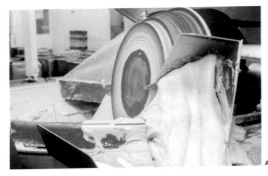

A La carne de ave que se separa de forma mecánica es un producto que se obtiene al pasar los huesos de un pollo por un tamiz a alta presión para «recuperar» los últimos trozos de carne. El proceso da como resultado una pasta rosa poco apetitosa.

B Las rebanadas de salchicha Billy Bear son un producto cárnico altamente procesado dirigido a los niños. Está hecho de aproximadamente un tercio de pavo, un tercio de cerdo y un tercio de una mezcla de grasa de cerdo, hígado de cerdo y fibra de guisante y zanahoria.

C Este festín vegano de inspiración mundial incluye tortillas, guacamole, aceitunas, ensalada de pimiento, humus, *baguette* y una ensalada de cereales.

Investigaciones preliminares sugieren que el alto consumo de frutas y verduras de los veganos, en comparación con los consumidores de carne, da lugar a una menor incidencia de cáncer de próstata y colorrectal. Un estudio realizado en 2014 en la Universidad de Oxford concluyó que la incidencia de cáncer en los vegetarianos era un 11 por ciento más baja que en los consumidores de carne y un 19 por ciento más baja en los veganos. No se determinó la razón (más productos agrícolas, menos carne u otro factor), pero esta menor incidencia fue respaldada por los hallazgos de varios otros estudios. Además, otras investigaciones han concluido que una dieta rica en alimentos de origen vegetal disminuye el riesgo de muchos tipos de cáncer.

Al no comer ningún producto de origen animal, los veganos evitan no solo los riesgos para la salud asociados a una mayor ingesta de grasas saturadas, sino también otras posibles enfermedades, como la EEB y la listeria. Una mayor regulación del uso de la carne recuperada de forma mecánica, que se produce moliendo y tamizando las carcasas para separar los últimos trozos de carne de los huesos de un animal sacrificado, ha disminuido los riesgos para la salud asociados a esta pasta de carne, pero no los ha eliminado. Sin embargo, la carne recuperada mecánicamente es parte de nuestro sistema alimentario, por muy desagradable que sea.

Mucha gente sigue una dieta vegana con la esperanza de perder peso.

Tiende a funcionar, incluso cuando la restricción de calorías no es el objetivo. En general, los veganos son más delgados que los consumidores de carne, y también registran un IMC medio ligeramente más bajo que los ovolactovegetarianos. Aunque nada en el veganismo es inherentemente adelgazante (una persona puede saturarse de calorías y comer patatas fritas y dulces y, aun así, ser vegano), para muchas personas que lo prueban, el eliminar de su dieta los muy calóricos productos de origen animal les ayuda a perder peso o a mantener el deseado con mayor facilidad.

La **EEB** (encefalopatía espongiforme bovina) se conoce comúnmente como la «enfermedad de las vacas locas». La gente la contrae al comer carne de vacas infectadas, en particular la materia del cerebro o la médula espinal.

La **listeria** es una bacteria que se encuentra en las carnes de exquisiteces gastronómicas y en los quesos de leche cruda. Puede provocar abortos e infecciones alimentarias.

El **IMC** (índice de masa corporal), o índice de Quetelet, es el peso de una persona en kilogramos dividido por su altura en metros. El número resultante ayuda a los profesionales de la salud a determinar categorías de peso que están asociadas con problemas de salud. No obstante, el IMC de una persona no es un diagnóstico.

c

A

A Ella Mills (*izquierda*), fundadora de Deliciously Ella, y Gaz Oakley (*derecha*), de Avant Garde Vegan, promocionan la cocina a base de plantas a nuevos públicos a través de recetas frescas y deliciosas.

B Tanto Amanda Le (*izquierda*) @raw_manda como Noémie Cazier @parisbyvegan (*derecha*) promocionan el veganismo en Instagram y otras plataformas con tentadoras fotografías de comidas a base de plantas.

Junto con la pérdida de peso, muchos veganos señalan tener una piel más tersa, uñas más fuertes y cabello más brillante. Algunos también indican sentirse más enérgicos y dormir mejor al tomar comida vegana. Si de vanidad se trata, un estudio de 2006 publicado en *Chemical Senses* concluyó que las mujeres preferían el olor de los hombres que seguían una dieta vegana.

Los defensores del veganismo actuales tienden a enfatizar su dieta como una opción nutritiva y deliciosa, no solo ética. Como resultado de ello, cada vez hay más libros de cocina, aplicaciones, cursos y vídeos en línea disponibles para quienes buscan dejar atrás los productos de origen animal.

B

Para las personas que aman a los animales y buscan una existencia más compasiva, los beneficios personales de ser vegano son mucho mayores que tener un estómago plano y menores riesgos para la salud. Para ellos, evitar productos de origen animal es un beneficio en sí mismo. Vivir de una forma más compasiva es más satisfactorio a nivel moral, filosófico e incluso espiritual.

Los veganos tienden a saber mucho más sobre lo que hay en su comida y cómo se ha obtenido. Esa curiosidad se aplica a otros productos cotidianos y culmina en una conciencia cuyo impacto político y económico comienza a sentirse.

3. Los desafíos del veganismo

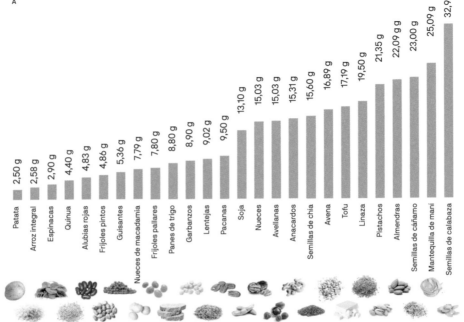

Patata	2,50 g
Arroz integral	2,58 g
Espinacas	2,90 g
Quinua	4,40 g
Alubias rojas	4,83 g
Frijoles pintos	4,86 g
Guisantes	5,36 g
Nueces de macadamia	7,79 g
Frijoles pallares	7,80 g
Panes de trigo	8,80 g
Garbanzos	8,90 g
Lentejas	9,02 g
Pacanas	9,50 g
Soja	13,10 g
Nueces	15,03 g
Avellanas	15,03 g
Anacardos	15,31 g
Semillas de chia	15,60 g
Avena	16,89 g
Tofu	17,19 g
Linaza	19,50 g
Pistachos	21,35 g
Almendras	22,09 g
Semillas de cáñamo	23,00 g
Mantequilla de maní	25,09 g
Semillas de calabaza	32,97 g

Hay muchas razones positivas para recurrir al veganismo, pero los desafíos giran en torno a preocupaciones individuales, como obtener una nutrición apropiada y las dificultades de seguir una dieta restrictiva.

El primer tema que surge es la proteína. ¿Pueden los veganos consumir suficiente proteína sin productos de origen animal? ¿De qué manera? ¿Qué sucede cuando, inevitablemente, no obtienen las proteínas adecuadas? ¡Proteína, proteína, proteína!

Los productos de origen animal tienen altos niveles de proteína: la carne de vacuno y otras carnes contienen de 25 a 30 gramos de proteína por cada 100 gramos, el queso cheddar, 25 gramos, y el salmón, 20 gramos, por lo que tiene sentido preocuparse por esto. Sin embargo, la idea de que los productos de origen animal son la única fuente buena o suficiente de proteína no tiene fundamento.

De hecho, comer menos proteínas que ahora estaría bien. La cantidad diaria recomendada es de 0,75 gramos de proteína por kilogramo de peso corporal, lo que se traduce en una media de 45 gramos para las mujeres sedentarias y 55 gramos para los hombres sedentarios. Las personas activas requieren más proteína, pero no mucha más. Sin embargo, el francés medio, al igual que el estadounidense medio, come 113 gramos de proteína al día: más del doble de lo necesario. El resto de Europa se sitúa por encima de los 100 gramos, mientras que Israel sobrepasa los 126 gramos. Japón, en cambio, consume 92 gramos de proteína por persona al día, que sigue siendo significativamente más de lo que nuestro cuerpo necesita.

La **proteína**, junto con la grasa y los carbohidratos, es uno de los macronutrientes que componen la comida humana. El cuerpo utiliza las proteínas para desarrollar y reparar los músculos, los huesos, la piel y la sangre, así como para crear enzimas y hormonas.

A   Es perfectamente posible que los humanos obtengan toda la proteína que necesitan de alimentos de origen vegetal. Este gráfico muestra el número de gramos de proteína por cada 100 g de 26 alimentos veganos comunes.

B   De media, los alimentos de origen animal contienen muchas más proteínas por cada 100 g que los de origen vegetal.

C   Las legumbres son una fuente importante de proteínas en una dieta a base de plantas. Incluyen todo tipo de frijoles, lentejas, cacahuetes y guisantes.

B

C

La razón por la que muchas personas asocian los productos de origen animal con la proteína no se limita a los altos niveles de esta: es la forma en que se enseña la nutrición. Los ejemplos de proteína, o el lugar que esta ocupa en el plato, con demasiada frecuencia se representan con productos de origen animal. Esto es en parte un reflejo de la tradición en las dietas occidentales, y en cierto modo se debe al poder histórico de las industrias de la carne, los huevos y los productos lácteos para formular la información nutricional.

Lo que sorprende a mucha gente es la cantidad de proteínas que se pueden encontrar en muchos alimentos vegetales. Los productos de soja como el tofu, el *tempeh* y el edamame tienen entre un 10 y un 19 por ciento de proteínas. Los garbanzos y otros frijoles contienen alrededor del 15 por ciento de proteína, mientras que las lentejas y otras legumbres tienden a incluir alrededor del 9 por ciento. El seitán es muy potente y nos da un 25 por ciento. Muchos otros alimentos de origen vegetal tienen cantidades de proteínas notables. La avena tiene un 17 por ciento, y los guisantes, un 8 por ciento. Todos los cereales y las verduras contienen cierta cantidad de proteína. Las alcachofas incluyen un 4 por ciento; el brócoli y el arroz, alrededor de un 3 por ciento cada uno; la lechuga, un poco más del 1 por ciento, y las zanahorias, algo menos del 1 por ciento. Otra buena fuente vegetal de proteína es la levadura nutricional, que contiene 60 gramos de proteína por cada 100 gramos.

A

A   Este gráfico de 1943 muestra los siete diferentes tipos de alimentos que deben combinarse en una «dieta equilibrada». A lo largo del siglo XX, se asumió que una dieta equilibrada debía contener una buena cantidad de productos de origen animal.

B   El pollo y las hamburguesas veganas, como estas de Temple of Seitan, suelen prepararse con productos de soja, mientras que las verduras, legumbres, frutos secos, semillas, especias y hierbas les dan mayor sabor.

El *tempeh* es un producto fermentado de soja que, debido a la fermentación, también contiene trazas de vitamina B12, magnesio y fósforo.

Los **edamames** son semillas de soja jóvenes, normalmente cocidas al vapor o hervidas en sus vainas. A menudo se comen como aperitivo, pero pueden utilizarse en ensaladas, salteados y otros platos.

La **levadura nutricional** es una cepa desactivada de la levadura *Saccharomyces cerevisiae*. Contiene 14 gramos de proteína, más 7 gramos de fibra, por cada porción de 28 gramos. Tiene un sabor a queso profundamente salado, lo que la convierte en una opción para los veganos que desean añadir el *umami* a sus pastas, patatas o incluso palomitas de maíz. Se vende en copos o en un polvo amarillo.

Una «**proteína completa**» se compone de todos los aminoácidos esenciales que necesitamos: triptófano, treonina, isoleucina, leucina, lisina, metionina-cisteína, fenilalanina-tirosina, valina e histidina. Son «esenciales» porque el cuerpo no puede producirlas; debemos ingerirlas.

B

La buena noticia para los veganos es que todas esas proteínas se suman.

Contrariamente a la creencia popular, no es cierta la idea de que necesitamos «proteína completa» (que solo la carne, el pescado y los huevos proporcionan, y que otras fuentes deben combinarse para crearla).

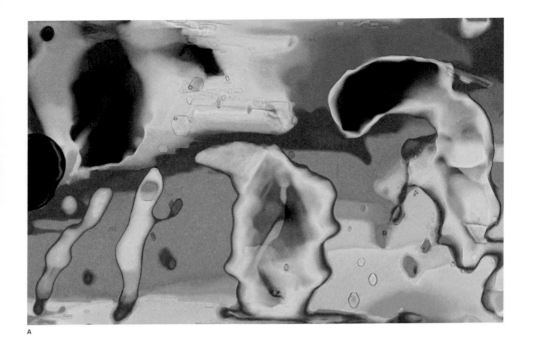

A

La idea de la proteína completa fue introducida en 1909 por Karl Heinrich Ritthausen (1826-1912), un bioquímico alemán. Él identificó el ácido glutámico y el ácido aspártico, lo que ayudó a forjar la idea de que hay diferentes tipos de proteína vegetal. La carne, el pescado y los huevos contienen los nueve aminoácidos esenciales. Otros alimentos solo proporcionan algunos de ellos. La creencia de que las proteínas vegetales son «incompletas» porque no tienen los nueve fue respaldada por lo que ahora se considera un estudio inadecuado llevado a cabo en la Universidad de Yale en 1914. A partir de allí, se desarrolló la teoría de que los alimentos que contienen algunos de los aminoácidos esenciales deben consumirse combinados, de modo que el comensal obtenga los nueve en una sola comida.

Esta teoría fue divulgada en 1954 con la publicación del libro de Adelle Davis, *Let's Eat Right to Keep Fit*, que enfatiza la importancia de obtener suficiente proteína completa. Se afianzó aún más en el pensamiento popular con la obra de Frances Moore Lappé *Diet for a Small Planet* (1971), que explica ampliamente la necesidad de comer alimentos vegetales combinados correctamente para obtener proteínas completas cada día.

Nada de esto es correcto. Ciertamente, hay nueve aminoácidos esenciales, pero no hay razón para comerlos todos a la vez, o en el mismo día, ni incluso en la misma semana. Lappé se disculpó en la revisión de su libro en 1981 por haber complicado demasiado una dieta basada en plantas en su publicación original.

Nuestros cuerpos saben que no siempre van a obtener los nueve aminoácidos esenciales a la vez y para eso planifican. Estamos diseñados anatómicamente para devolver las proteínas que ya están en nuestro cuerpo a nuestro tracto digestivo, sean necesarias o no, para mezclarlas con lo que comemos en un día.

Así que el reto de obtener suficientes proteínas de una dieta vegetariana solo es un problema si alguien ignora voluntariamente la información básica y un montón de alimentos deliciosos.

A   El aminoácido de la serina, visto aquí en una microfotografía, se considera un aminoácido no esencial no porque nuestros cuerpos no lo necesiten, sino porque podemos sintetizarlo en condiciones normales.

B   Es importante usar el tipo correcto de tofu en cada receta. El tofu sedoso, por ejemplo, tiene una textura suave como la seda y es ideal para los postres cremosos. El firme y el extra firme tienen un menor contenido de humedad y funcionan bien en recetas de frituras y horneados.

SEDOSO
SUAVE
GERMINADO
FIRME
EXTRA FIRME

B

La deficiencia de proteínas puede ser un argumento falso cuando se trata de ser vegano, pero la posible falta de diversas vitaminas, minerales y otros micronutrientes en los alimentos de origen vegetal merece mayor atención.

Las dietas veganas son naturalmente más bajas en micronutrientes que se concentran en productos de origen animal, como la vitamina B12, los ácidos grasos omega-3 (también conocidos como ácidos grasos n-3 de cadena larga), el calcio, el zinc y la vitamina D. El hierro también puede ser un desafío, dependiendo del gusto de un individuo por las verduras de hoja verde oscura.

El único micronutriente que es realmente difícil de obtener de los alimentos de origen vegetal, salvo que se consuma una gran cantidad de *tempeh*, es la vitamina B12. Pero este problema puede resolverse tomando suplementos, y a muchos alimentos veganos comunes, como los productos de soja y las leches de nueces, se les añade B12.

A

A Rexford Hitchcock, de la tienda de vitaminas Great Earth, de San Francisco, demuestra cómo tomar la vitamina B12 en gel por la nariz. La B12 es más difícil de obtener en una dieta basada en plantas que otras vitaminas, pero hay muchas maneras de complementar una dieta vegana.

B Las preocupaciones sobre la posibilidad de obtener suficientes proteínas de una dieta a base de plantas se debilitan ante culturistas profesionales veganos como Patrik Baboumian.

Los **micronutrientes** son nutrientes que el cuerpo necesita en pequeñas cantidades, como vitaminas y minerales.

La **vitamina B12** es esencial para el sistema nervioso y las células sanguíneas. La falta de vitamina B12 puede causar fatiga y síntomas similares a la depresión. Si bien solo está disponible a través de fuentes animales y *tempeh*, los suplementos veganos obtienen la vitamina B12 de las bacterias.

Los **ácidos grasos** son importantes para la salud del corazón, ya que se ha demostrado que ayudan a regular los triglicéridos o los niveles de grasa en la sangre. También se ha demostrado que afectan a la depresión y al desarrollo del cerebro.

El **calcio** es un mineral esencial. Mientras que la mayoría de la gente lo asocia con la salud ósea y dental, también ayuda a la sangre (a coagularse), a los músculos (a contraerse) y al corazón (a latir).

El **zinc** es uno de los nutrientes que afectan a la capacidad del cuerpo para procesar y utilizar las proteínas de manera efectiva. También ayuda al sistema inmunológico a combatir las bacterias y los virus.

La **vitamina D** desempeña un papel en varias funciones corporales, pero lo más importante es que permite al cuerpo absorber el calcio. Por lo tanto, es básico para el crecimiento y mantenimiento de los huesos. La falta de vitamina D en los niños puede provocar raquitismo o huesos blandos, y en los adultos puede causar huesos frágiles.

El **hierro** es tan importante para el cuerpo que su falta tiene un nombre: anemia. La falta de hierro conduce a la fatiga, ya que el cuerpo lo utiliza para fabricar hemoglobina, que transporta el oxígeno de los pulmones a través del torrente sanguíneo al resto del cuerpo.

Las **verduras de hoja verde oscura** como el kale, la berza, las hojas de remolacha y los grelos son nutricionalmente impresionantes. Las cantidades exactas varían, pero las verduras de hoja verde oscura tienden a estar repletas de hierro y calcio, e incluso de ácidos grasos omega-3. También contienen mucha fibra dietética y vitaminas C, E y K.

B

La mayoría de los demás micronutrientes que se encuentran en concentraciones elevadas en los productos de origen animal también pueden encontrarse en los alimentos de origen vegetal. Los ácidos grasos omega-3, por ejemplo, están ampliamente asociados con el salmón y el aceite de hígado de bacalao. Sin embargo, están presentes en fuentes vegetales como las semillas de chía, de cáñamo o de lino, el aceite de canola, las nueces y las verduras de hoja verde, por lo que estos ácidos grasos pueden incluirse fácilmente en una dieta vegana saludable. Del mismo modo, el calcio se asocia principalmente con los productos lácteos, pero hay muchas fuentes vegetales de calcio, sobre todo las verduras de hoja verde oscura como el kale, los grelos y las algas.

La **colina** es un micronutriente menos conocido, necesario para el buen funcionamiento del metabolismo.

La **colina** es un oligoelemento presente en los huevos y en las vísceras, así como en las verduras crucíferas como el brócoli, la coliflor, el repollo y las coles. Por consiguiente, solo los veganos a los que no les guste este tipo de verduras están en peligro de no consumirla. El zinc se encuentra en grandes cantidades en la carne, las aves y los mariscos, especialmente en las ostras, pero también se halla en las judías y las legumbres, los frutos secos y las semillas, la avena y la levadura nutricional.

La vitamina D es más difícil de obtener de fuentes vegetales que otros micronutrientes. Se considera un nutriente lácteo, pero esto es solo porque casi siempre se añade a la leche. Los alimentos veganos como el tofu, la leche de soja y la leche de almendras también se complementan con vitamina D. Además, la podemos encontrar en las setas y la luz solar. El hierro se asocia comúnmente con la carne. Afortunadamente para los veganos, las cantidades necesarias se satisfacen fácilmente con las lentejas, las verduras de hoja verde oscura y muchos cereales, nueces y semillas.

Obtener una cantidad adecuada de micronutrientes es un desafío para muchas personas que optan por el veganismo, pero es totalmente posible.

A

A nivel personal, aunque menos técnico o nutricional, cambiar a una dieta vegana puede ser un reto por una serie de razones. Puede ser difícil porque elimina grupos de alimentos enteros apreciados en muchas culturas. Para los hombres puede resultar particularmente complicado debido a las nociones culturales de la naturaleza «varonil» de una dieta de carne y patatas, y toda una vida de hábitos formados en torno a esa asociación. Como de media los hombres necesitan más proteínas que las mujeres, el cambio a una dieta vegana puede parecer un obstáculo.

Los veganos tienen que buscar más variedad en menos tipos de alimentos o arriesgarse a tener una dieta limitada.

Deben hacer un esfuerzo para mantener su dieta lo más variada posible, mezclando tipos de cereales, legumbres y productos para abarcar todo un abanico nutricional y culinario: en otras palabras, deben planificar sus comidas.

A Las diversas vitaminas B, el hierro y el calcio que se encuentran en las verduras de hoja oscura, como el kale que se cosecha aquí, son importantes en una dieta vegana. Además, una gran parte de la pequeña cantidad de grasa que tiene el kale es el ácido alfa-linolénico, que es un ácido graso omega-3.

B Las «leches» vegetales hechas de soja, almendras, cáñamo o avena son muy populares entre los veganos y están ampliamente disponibles. La mayoría de ellas están enriquecidas con vitaminas y minerales, y muchas están endulzadas o llevan saborizantes.

B

A

A   La gran cantidad de etiquetas de alimentos que sirven para ayudarnos a elegir alimentos éticos y ecológicos puede ser confusa. Los veganos deben buscar las certificadas verificadas de forma independiente.

B   Puede sorprender que la mayoría de las gominolas no sean veganas, pero la gelatina está hecha de colágeno animal. Existen versiones veganas, hechas con agar agar o carragenina, derivadas de algas marinas.

Aunque las etiquetas de los alimentos veganos facilitan la compra, y cada vez hay más opciones veganas en las tiendas de comestibles, todavía queda mucho que aprender y hay alimentos o técnicas de producción alimentaria que los veganos estrictos querrán evitar.

Hasta la fecha, el etiquetado de productos veganos no está regulado en la UE, aunque está en proceso de elaboración. Del mismo modo, no hay definiciones legales de «vegetariano» o «vegano» en las etiquetas de los alimentos en Estados Unidos. En todo el mundo, la inclusión de «vegetariano» o «vegano» en los alimentos es más una herramienta de *marketing* que reglamentaria: los fabricantes son responsables de sus propias definiciones y deben rendir cuenta a los consumidores. No hay una verificación independiente ni siquiera en la India, donde desde 2011 los fabricantes deben marcar los alimentos envasados con un punto verde si son vegetarianos, y uno marrón si no lo son.

Para los veganos comprometidos, hay muchos ingredientes de uso común que deben evitar más allá de los obvios (carne, pescado, huevos, leche). Esto incluye cualquier alimento que contenga elementos derivados de productos de origen animal, como la gelatina y el suero de leche, que son ingredientes comunes en los alimentos preparados y procesados. La gelatina se utiliza en una gran variedad de productos de confitería, como las gominolas y los malvaviscos, así como en alimentos menos evidentes, como en algunos cacahuetes tostados (ayuda a que la sal u otros condimentos se adhieran). El suero de leche, que antes era un producto de desecho que a veces se daba a los animales o se rociaba en los campos como fertilizante, se encuentra ahora en muchos alimentos, como productos de panadería, bebidas y dulces, así como en una amplia gama de lácteos. Debido a su alto contenido en proteínas, también se utiliza comúnmente para hacer proteína en polvo como suplemento nutricional.

Incluso los alimentos marcados como «sin lácteos» o «sin lactosa» no son necesariamente veganos: las etiquetas están dirigidas a personas con esa restricción dietética en particular. Algunos ingredientes que no son veganos tienen nombres que ocultan su fuente, como la albúmina, una proteína de la clara de huevo, o la caseína, una proteína de la leche.

La **gelatina** está hecha de huesos, colágeno y tejido conectivo animal. Se utiliza como espesante y estabilizador.

El **suero de leche** es el líquido que queda después de que la leche se cuaje y se retire la cuajada para hacer queso.

B

La cuestión de las trazas de ingredientes de origen animal plantea la pregunta de quién puede llamarse a sí mismo vegetariano. Es chocante para muchos, pero el vino y la cerveza, aunque hechos de plantas, no son necesariamente veganos. Entonces, si uno no come carne, pescado, huevos ni lácteos, pero no se preocupa demasiado por cómo se clarifica el vino, ¿aun así puede decir que es vegano?

La mayoría de los vinos se clarifican mediante un proceso que emplea varios productos de origen animal para conseguir que la proteína natural del vino se una a la del agente clarificante. Ambas proteínas se eliminan del vino, lo que da como resultado un líquido claro en lugar de turbio.

A Un vinicultor de Château Lynch-Bages, Francia, demuestra la forma tradicional de clarificar el vino con claras de huevo. La mayoría de los productores modernos compran la proteína albúmina, que se adhiere a los taninos y a las impurezas, ya separada del huevo real.

B Algunos fabricantes de cerveza vegana hacen más que saltarse los productos animales para clarificar o refinar su cerveza. Yulli's Brews abrió un bar y un restaurante en Sídney, Australia, en 2018, y Alternation Brewing Co. ahora ofrece una cerveza negra de leche que contiene leche de almendras. La cerveza está disponinle en distintos sabores, como la versión OREO de la imagen.

A

CAPÍTULO 3

B

En los vinos blancos, rosados y espumosos se suele añadir isopropileno, una proteína de pescado, para la clarificación, mientras que en el vino tinto, albúmina o caseína. En todos los casos, los productos de origen animal se eliminan del vino antes de embotellarlo, pero su uso hace que el vino no sea vegano. Los zumos de fruta a veces se clarifican de forma similar. Los vinos veganos se dejan autoclarificar o se clarifican con carbón activado o bentonita, un tipo de arcilla elaborada con ceniza volcánica.

La mayoría de las cervezas solo contienen agua, malta de cebada, lúpulo y levadura, y por eso son veganas. Sin embargo, algunos cerveceros adoptan el mismo proceso de clarificación que los vinicultores para crear una cerveza clara y no turbia. La clarificación de esta se puede realizar con productos vegetales, como el musgo irlandés, o con productos animales, como la colapez o la gelatina. Estos elementos no aparecen en la lista de ingredientes porque no están en el producto final.

A

Otro alimento problemático es el azúcar. En Estados Unidos, el azúcar de caña refinado se blanquea a veces con carbón animal. Por consiguiente, los veganos necesitan usar azúcar sin refinar o marcas que no incluyan carbón animal; sorprendentemente, el azúcar moreno no es necesariamente vegano, porque se elabora añadiendo melaza al azúcar blanco refinado.

A   Muchos productos de soja, como el tofu, son tradicionales en la cocina asiática. Los veganos que buscan proteína apenas procesada pueden encontrar productos de soja hechos a mano.

B   Otros productos de proteína vegana son industriales, como estos de Quorn elaborados en Stokesley, Reino Unido. Las etiquetas ayudan a descifrar si un producto está hecho de alimentos enteros, como setas, soja y nueces, o procesados.

Los veganos también deben tener cuidado con la L-cisteína, un aminoácido derivado del cabello humano o de las plumas de las aves de corral que aparece como agente suavizante en los panes, y el castóreo, una secreción anal de los castores que puede utilizarse como un aroma y saborizante artificial de vainilla. Este último se utiliza ahora principalmente en fragancias más que en alimentos, pero puede ser legalmente incluido como un «sabor natural». Cuando se utilizan como suplementos en los alimentos, los ácidos grasos omega-3 suelen derivar del pescado, por lo que el zumo de naranja «saludable para el corazón» puede incluir sardinas, aunque el pescado no figure en la lista de ingredientes.

Todo esto puede parecer excesivamente puntilloso, pero los veganos estrictos no comen nada que haya sido procesado con productos de origen animal, incluso si el producto final no los contiene. Cuando hablamos de si todos deberíamos ser veganos, necesitamos una imagen completa de lo que eso podría (o debería, según algunos) significar.

Mientras que algunos defensores del veganismo investigan las etiquetas y contactan con los fabricantes, otros activistas están preocupados por los productos específicamente veganos. Varios de ellos, incluidos los sustitutos de la carne, están altamente procesados. Aunque esto es aceptable para muchos veganos, en particular para aquellos que deciden no comer productos de origen animal por razones éticas, la cuestión se vuelve más turbia para los interesados en la sostenibilidad y la calidad de los alimentos. Casi cualquier sustituto de carne vegano es más sostenible que, por ejemplo, la carne de vacuno industrial, pero puede que no lo sea más que un pollo criado en pastos.

B

A

Luego están los organismos genéticamente modificados (OGM). Si bien todo el mundo debería cuestionar el proceso de inserción de los genes de una especie (ya sea planta, bacteria, virus, animal o humano) en los de otra, los veganos tienen razones adicionales para estar preocupados. Esto se ejemplifica con el Flavr Savr, también conocido como el tomate-pescado. Diseñado para tener una mayor vida útil y para soportar el frío usando la tecnología de los OGM, contenía un gen anticongelante de un pez del Ártico. El tomate nunca llegó al mercado. Las ratas en las que se probó una línea de los tomates murieron en mayor proporción que otras ratas, por lo que la compañía que desarrolló Flavr Savr lo retiró voluntariamente. Pero su existencia plantea la pregunta: ¿es vegano un tomate que contiene un gen de pescado?

En la UE, los OGM deben etiquetarse como tales, pero en Estados Unidos no se aplican tales normas. No obstante, los alimentos marcados como «orgánicos» no pueden contener OGM, y esta es la única manera de que un consumidor sepa si un producto contiene un OGM.

La confusión en torno a las etiquetas y la identificación de los alimentos veganos puede crear dificultades cuando se come fuera.

Los **organismos genéticamente modificados** se crean cuando los genes de una especie se introducen en la secuencia de ADN de otra.

A/B Una manifestación de apicultores en la sede de Monsanto en Francia y ecologistas que protestan contra las importaciones de maíz OGM en Corea del Sur. Ambos defienden el principio de precaución: hasta que sepamos más y podamos garantizar que no causan daño, paremos el uso generalizado de los OGM. Otros activistas trabajan para asegurar que los productos que contienen OGM estén debidamente etiquetados, algo que es obligatorio en la UE, pero no en Estados Unidos.

Ha habido un enorme crecimiento en la disponibilidad de platos veganos en cafés y restaurantes, y en muchas ciudades hay puntos de venta que solo sirven comida vegana. Sin embargo, las opciones de los veganos a menudo siguen siendo limitadas. El caldo de pollo está presente en las sopas, la salsa de pescado aparece en la comida vietnamita y tailandesa, y el suero de leche se esconde en el pan.

Lo mismo sucede en reuniones sociales, donde las opciones seguramente serán reducidas. Por supuesto, el grado en que ser vegano impacta en la vida social de alguien depende de su círculo social, pero la limitación e inconveniencia de ser vegano es un desafío para muchos. Por siglos, o más bien milenos, los humanos se han unido a través de la comida. No participar o comer algo distinto en muchas culturas transmite falta de pertenencia.

Por lo tanto, no hay que restar importancia al riesgo de marginación de llevar una dieta vegana, ni a la dificultad de tratar de mantenerla ante la adversidad social. La presión social es real, y en gran medida nuestras preferencias alimenticias están condicionadas por nuestras experiencias, la publicidad y los educadores.

Una dieta vegana también requiere un cambio en los hábitos culinarios. Puede ser difícil encontrar una variedad de alimentos veganos preparados, por lo que muchos cocinan desde cero, especialmente si quieren evitar los alimentos procesados. Para la gente a la que le encanta la comida y probar cosas nuevas, esto puede significar una oportunidad de explorar gastronomías exóticas, pero para otros pasar más tiempo en la cocina es un fastidio. Hoy, los supermercados abastecen sus estantes con productos veganos en respuesta al creciente número de personas que llevan ese estilo de vida.

A

B

A   Estas coloridas comidas precocinadas
    muestran platos veganos como se los
    suele presentar, compuestos de frutas,
    verduras y cereales.
B   Por el contrario, @uglyvegan en
    Instagram desafía la visión restrictiva
    de la sociedad sobre la comida vegana
    y muestra que hay mucho más en oferta
    que las verduras crudas y las semillas, y
    abandona tanto el tono didáctico como
    el enfoque en la salud que a menudo
    se asocia con el veganismo.

Un tema personal incómodo para un vegano es
el efecto de la fibra dietética adicional en el sistema
digestivo del cuerpo. Las personas que no están
acostumbradas a ello pueden experimentar al principio
gases e hinchazón. Sin embargo, una vez que el cuerpo
se ajusta a la digestión de más fibra, los síntomas
suelen disminuir.

Sin embargo, los desafíos del veganismo van más allá de las molestias individuales y la nutrición.

Otra consideración práctica
es el fertilizante. La mayoría de
los agricultores están de acuerdo
en que los más efectivos provienen
del estiércol. Sin embargo, un vegano
estricto, que se opone a la explotación
de los animales, estaría en contra del
uso de estiércol, lo que frustraría
la producción de alimentos veganos.
Si los humanos no crían ganado, no se
podrá acceder a grandes cantidades
de estiércol.

La **fibra dietética** es un
carbohidrato que los
humanos no pueden
digerir. Se encuentra en
grandes cantidades
en cereales enteros,
productos agrícolas
y legumbres.

El **estiércol** se puede
convertir en abono o dejar
que se descomponga,
a menudo con material
vegetal adicional
antes de venderlo
como fertilizante.

A

B

Los **fertilizantes sintéticos**, también conocidos como fertilizantes químicos, están hechos de compuestos inorgánicos en lugar de orgánicos. La mayoría de las veces se derivan de los productos del petróleo. Su proceso de fabricación se desarrolló a principios del siglo xx. Su uso después de la Segunda Guerra Mundial condujo a la Revolución Verde en las décadas de 1950 y 1960. Junto con el desarrollo de cultivos de alto rendimiento, los fertilizantes sintéticos cambiaron la forma de cultivar alimentos.

El **abono verde** es la práctica de cultivar una cosecha y labrarla de nuevo en el campo para devolver los nutrientes al suelo y mejorar su salud. Por lo general, se cultiva en un campo después de la cosecha o en la primavera antes de la plantación.

El **compost** es materia orgánica, como residuos de alimentos y material vegetal, en descomposición. Se convierte en lo que los jardineros y los agricultores orgánicos llaman «oro negro» por su capacidad de añadir nutrientes al suelo.

Las **abejas** y otros insectos polinizan al menos el 30 por ciento de las frutas, verduras y frutos secos que los humanos cultivan (y hasta el 90 por ciento de las plantas silvestres). Los activistas veganos argumentan que dejar crecer naturalmente las poblaciones de abejas haría innecesaria la apicultura. Muchos expertos en agricultura creen que ese plan no es realista.

Existen dos soluciones.

La primera requiere el uso de fertilizantes sintéticos. Son increíblemente eficaces para ayudar a las plantas a crecer, pero no hacen casi nada por la salud del suelo. El uso repetido puede incluso generar una acumulación de compuestos tóxicos como el arsénico. Por eso, los fertilizantes sintéticos no están permitidos en la agricultura orgánica. En resumen, esta «solución» desharía una buena parte del beneficio ambiental del vegetarianismo. Dado que el interés por el veganismo se ha desarrollado de la mano de la agricultura orgánica desde la década de 1970, sería difícil equilibrar la necesidad de fertilizantes ecológicos eficaces con la eliminación de la ganadería.

La segunda solución es una combinación de abono verde y compost. Al mezclarse, no solo mantienen la salud del suelo, sino que también la mejoran, proporcionando un beneficio ambiental real además de campos fértiles. Se ha comprobado que el cultivo de abono verde reduce la pérdida de nitrógeno, un elemento clave para la mayoría de los cultivos, en un 97 por ciento en comparación con los campos que se dejan pelados después de la cosecha. El principal problema con el abono verde es que requiere tanto tiempo como planificación. También carece del impacto del estiércol animal y no puede mejorar suelos pobres o sobreexplotados tan rápida o eficazmente.

La adopción generalizada del veganismo conlleva abordar la lucha contra las plagas en la agricultura. Los pesticidas matan animales, obviamente. Aunque el control natural de plagas es posible, a veces implica la matanza indirecta de estas, así como la explotación de otros animales. Los veganos convencidos están en contra de la cría de abejas incluso para polinizar cultivos, descartan el uso de mariquitas y escarabajos para el control de plagas.

A   Cantidades enormes de estiércol de vaca de una granja lechera en un campo de maíz en la provincia de Heilongjiang, China. La granja produce más estiércol del que se puede utilizar, por lo que los residuos se acumulan y emanan un olor nocivo.

B   Las lluvias lavan los fertilizantes y otros contaminantes de las tierras de cultivo en Iowa y las vierten en la cuenca del río. El principal peligro son los nitratos, que crean zonas muertas en lagos y bahías, y pueden contaminar los suministros de agua.

C/D   Las floraciones de algas, como las del lago St. Clair, entre Míchigan y Ontario, (superior) y el lago Taihu, en Wuxi (China) (inferior), se producen cada vez con más frecuencia debido a la escorrentía de los fertilizantes. El exceso de nitrógeno en el agua fomenta el rápido crecimiento de las algas y plantas verdes. Las flores ahogan otras formas de vida en el agua, como los peces.

C

D

A

A La agricultura de apoyo comunitario, como en la granja de la calle Hugonote, es un modelo en el que los clientes compran una «parte» de la cosecha. Pagan al inicio de la temporada y luego reciben lo pactado. La granja tiene dinero por adelantado y ventas garantizadas; los clientes reciben productos frescos durante toda la temporada.

B En los países afectados por la pobreza, los niños, como esta joven sentada en una estación de Korhogo (Costa de Marfil), corren mayor peligro de ser víctimas de la trata de personas. A algunos los engañan y a otros los secuestran para que trabajen como sirvientes o esclavos, especialmente en las plantaciones de cacao.

Afortunadamente, es poco probable que este futuro extremo sin abono y sin control de plagas ocurra. El cambio a una dieta centrada en las plantas en lugar de una dieta totalmente vegana es más realista para muchas personas, y ese cambio, que conlleva la producción de menos carne y en mejores condiciones, convertiría nuestro estado actual de sobreabundancia de residuos animales en uno en el que todo podría usarse como fertilizante.

El tema del control de plagas pone de relieve algunas limitaciones éticas del veganismo. Podemos dejar de comer animales, y dejar de criar animales para nuestro uso. Incluso podemos fertilizar los campos con abono vegano. Pero ¿sería posible producir alimentos sin matar o dañar a ningún animal? No, de ningún modo. El simple hecho de labrar la tierra y cosechar las plantas implica la matanza de insectos, y a veces también de aves y pequeños mamíferos.

El hecho de que sea imposible el verdadero veganismo, vivir en el planeta sin dañar nunca a otra criatura viviente, puede usarse como argumento en contra incluso de intentar un estilo de vida vegano, pero esa es una posición difícil de defender. La cuestión ética más interesante es si una dieta vegana es siempre y necesariamente más ética que una omnívora.

Es posible seguir una dieta vegana estricta, pero también comer alimentos cosechados por esclavos, o cultivados con productos químicos destructivos para el medio ambiente, o en tierra sagrada. De esta manera, una dieta vegana podría ser más dañina que una omnívora. Esta observación no es tanto un problema o un inconveniente del veganismo, sino, tal vez, un atenuante de sus beneficios. Todas las ventajas y todos los desafíos forman parte de un sistema holístico y dependen de la forma en que tomamos nuestras decisiones de alimentación y estilo de vida.

B

A

Esto nos lleva al más nebuloso, pero quizás más difícil, reto de un estilo de vida vegano: la tradición. El problema llega por partida doble.

En primer lugar, las preferencias veganas pueden perturbar los sistemas alimentarios tradicionales. Esto puede deberse a un cambio en la demanda, a los esfuerzos por hibridar o estandarizar las semillas, o a una cooptación de la producción.

Un ejemplo bastante conocido es la quinua, una semilla que se cocina y se utiliza como cereal, originaria de la meseta andina de América del Sur. Es una planta rara que contiene los nueve aminoácidos esenciales que los humanos necesitan en su dieta. Cuando la demanda de quinua aumentó hace un decenio, los precios aumentaron (se triplicaron entre 2006 y 2013 y se volvió más cara que el pollo), y los habitantes de su región natal ya no podían adquirir un alimento que los había nutrido durante cientos de años.

A   A medida que la demanda de quinua ha aumentado, ya no toda se cultiva en los Andes, ni se separa o clasifica de la manera tradicional que se ve aquí, usando simplemente un plato y el suelo.

B   Cada vez más, la quinua se procesa en grandes instalaciones, como esta en Bolivia. En la actualidad, se cultiva una cantidad importante en Estados Unidos y Canadá para satisfacer la creciente demanda de esta semilla nutritiva.

B

De forma similar, en 2018, México consideró la posibilidad de importar aguacates, fruto originario del país y que ha sido un alimento básico local durante siglos, debido a que su creciente popularidad en todo el mundo había provocado una escasez nacional.

En segundo lugar, la carne y otros productos de origen animal desempeñan un papel esencial en muchas culturas y en las costumbres, rituales y prácticas tradicionales. El cambio al veganismo podría ser difícil de manejar física, psicológica y socialmente.

Las tradiciones son poderosas. Unen a las personas y definen sus identidades.

¿Qué sería la Pascua para las familias griegas sin cordero? ¿Se puede hacer *pot-au-feu* sin un pollo? ¿Un pudín Yorkshire sin huevo y sin grasa de res sigue siendo lo mismo? ¿Es un *luau* si no hay cerdo kalua o salmón lomi?

Las tradiciones, especialmente las más queridas y deliciosas, no son fáciles de superar.

4. Un planeta vegano

¿Cómo sería un planeta de veganos?
¿Qué tipo de cambios ambientales,
económicos, sanitarios e incluso sociales
y culturales podrían producirse como
resultado de un cambio masivo
a dietas y estilos de vida veganos?

Nuestro planeta sufriría un cambio radical si se volviera vegano.

Entre 1961 y 2010, el consumo de carne de vaca, oveja y cabra se duplicó con creces, según la Organización de las Naciones Unidas para la Alimentación y la Agricultura. El de carne de cerdo se triplicó y el de aves de corral creció nueve veces. El cambio más espectacular se produjo en Japón, donde la dieta tradicional de alimentos de origen vegetal con un poco de marisco pasó a una dieta mucho más centrada en la carne. El cambio es más revelador en Tokio, donde el consumo general de carne aumentó en un 160 por ciento entre 1970 y 2005, y el de carne de cerdo creció en un 90 por ciento en el mismo período.

A

La **Organización de las Naciones Unidas para la Alimentación y la Agricultura** es un organismo que busca asegurar que todo el mundo tenga acceso a una cantidad suficiente de alimentos de alta calidad.

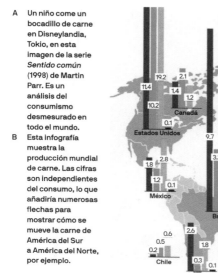

A Un niño come un bocadillo de carne en Disneylandia, Tokio, en esta imagen de la serie *Sentido común* (1998) de Martin Parr. Es un análisis del consumismo desmesurado en todo el mundo.

B Esta infografía muestra la producción mundial de carne. Las cifras son independientes del consumo, lo que añadiría numerosas flechas para mostrar cómo se mueve la carne de América del Sur a América del Norte, por ejemplo.

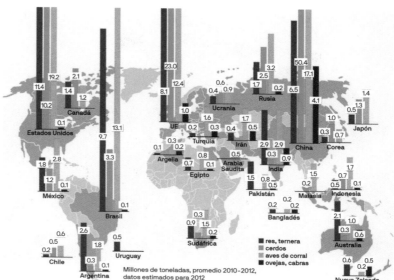

Millones de toneladas, promedio 2010–2012, datos estimados para 2012

res, ternera
cerdos
aves de corral
ovejas, cabras

B

Según las prácticas y demandas actuales, se prevé que las necesidades mundiales de carne de vacuno aumenten en un 95 por ciento entre 2015 y 2050. La demanda de otros tipos de carne también ha ido en aumento en los países en desarrollo. En los países industrializados, una persona consume de media 80 kilogramos de carne cada año. Actualmente, la población de los países en desarrollo tiene un promedio de solo 32 kilogramos. Hay muchas razones para pensar que, a medida que estas economías crezcan, la demanda de carne también aumentará.

Un movimiento hacia el veganismo generalizado no solo desharía los efectos del consumo de productos de origen animal en la actualidad, sino que también afectaría al futuro de manera exponencial al reducir el aumento previsto.

Algunos críticos utilizan el gran número de animales existentes para burlarse de quienes detendrían la cría de ganado, bajo la idea descabellada de que los rebaños de vacas de repente se dejarían en libertad. Aunque es divertido imaginar pollos picoteando en los parques y cerdos retozando en las fuentes públicas, cualquier persona razonable asumiría que las granjas se eliminarían de forma gradual en lugar de cerrar repentinamente.

A

De hecho, nunca se criarían millones de animales; las operaciones de ganadería intensiva y los corrales de engorde cerrarían. Los problemas de bienestar animal en el espacio agrícola desaparecerían porque no habría animales allí.

Las granjas más pequeñas e integradas que utilizan el ciclo virtuoso para fertilizar los campos haciendo pastar a los animales en ellos durante parte del año tendrían que pasar a métodos que utilizaran únicamente abono orgánico y verde. Dado que este ciclo es una práctica fundamental en muchas granjas orgánicas, cabe imaginar que algunas granjas, especialmente las que todavía están en proceso de mejorar la salud del suelo o en las que el suelo es menos robusto, podrían necesitar recurrir a fertilizantes sintéticos para tener un rendimiento económicamente viable.

Los proyectos de agricultura regenerativa que dependen de animales domesticados para revitalizar las tierras sobrecultivadas se verían obligados a parar bajo un sistema verdaderamente vegano. Las iniciativas que requieren de los animales de pastoreo para restablecer los ecosistemas, como los que dependen de la remoción del suelo, el control de la hierba y el fertilizante natural proporcionado por los grandes rumiantes de pastoreo (los bisontes en el oeste de Estados Unidos, por ejemplo) podrían liberar a los animales en tierras de pastoreo silvestres o federales. Sin embargo, sin la supervisión del traslado de las manadas, la regeneración

dirigida terminaría. Se acabaría con los proyectos que aprovechan el poder de las aves de corral, que cazan y picotean mientras rascan el suelo, para recuperar el suelo sobreexplotado.

La cría de animales para la alimentación es intrínsecamente ineficiente en términos de calorías.

Los animales utilizan hasta el 90 por ciento de su alimentación para respirar, caminar y reproducirse; solo un 10 por ciento se convierte en carne para el consumo humano. Sin embargo, los animales, en particular los rumiantes como las vacas y las ovejas, pueden comer cosas que los humanos no pueden, como grandes cantidades de hierba, por ejemplo. También pueden hacer uso de tierras que no son aptas para cultivar alimentos. Las ovejas pueden preferir los verdes prados, pero también son capaces de pastar en terrenos que de otro modo serían áridos y, por lo tanto, improductivos, y, desde hace mucho tiempo, han proporcionado una importante fuente de alimentos en esas zonas. También se han utilizado para controlar las malas hierbas y se ha demostrado que son tan eficaces como los herbicidas en el invierno o los barbechos.

La **agricultura regenerativa** es un conjunto de prácticas agrícolas variadas que tienen por objeto enriquecer el suelo, mejorar las cuencas hidrográficas y aumentar la biodiversidad.

Ecosistema se refiere a una comunidad biológica y a la forma en que sus miembros interactúan dentro de un ambiente específico.

A   Los santuarios de animales de granja, como este de Catskills, Nueva York, cuidan y protegen a los animales que una vez fueron ganado.

B   Estos pollos han sido reubicados. Algunos de ellos tienen muy pocas plumas, así que su dueño les tejió jerséis para mantenerlos abrigados.

A

La tierra utilizada para el pastoreo de ovejas probablemente volvería a la naturaleza, no a la producción de alimentos. La forma en que vivirían las personas que dependen de las calorías y las proteínas que proporcionan las ovejas es tema de debate. En un mundo vegano, las economías que dependen de la lana necesitarían renovarse. Las principales exportaciones de Nueva Zelanda, por ejemplo, son carne de vacuno, productos lácteos, cordero y pescado, así como una cantidad menor de maquinaria. El país necesitaría una revolución económica.

Las posibilidades de la agricultura regenerativa y la capacidad de algunos animales de utilizar tierras que de otro modo serían improductivas son buenas razones para pensar en el papel que podría tener la reducción del consumo de carne, en lugar de rechazarlo por completo.

Junto con el ganado, una dieta vegana global excluiría la caza silvestre. Las opiniones varían en cuanto a lo que sucedería con los animales salvajes que hoy se controlan mediante la caza regulada.

La **caza silvestre** incluye jabalí, conejo, ciervo, vapití, faisán, pato e incluso alce, oso, reno o tigre, dependiendo de donde viva. En general, se trata de cualquier animal que se cace como alimento.

La **carne silvestre** se refiere a cualquier animal salvaje, mamífero, reptil o pájaro, que se cace como alimento en África.

La **deforestación** es la tala de bosques y la eliminación de tierras forestales. Puede ser fomentada por la explotación forestal, por el mercado de la madera de los árboles o por el deseo de generar tierras agrícolas.

¿Se dispararían las poblaciones sin el control de la caza? ¿O los ecosistemas encontrarían un nuevo equilibrio natural? Lo más probable es que al inicio ocurra lo primero y luego, lo segundo.

Un planeta vegano sería beneficioso para las especies en peligro de extinción que se cazan por su carne, como los elefantes y los rinocerontes. Sin embargo, podría plantear un problema a algunas poblaciones humanas, como los habitantes de los países de África central para los que la carne silvestre, no los animales de granja, representa el 70 por ciento de la proteína que consumen.

La demanda de carne silvestre va de la mano de la deforestación. Al construir carreteras para facilitar la explotación forestal, la minería y otras industrias, se da acceso a otros usuarios, lo que aumenta los niveles de caza furtiva. La aproximación o el contacto entre animales y personas rara vez termina bien para los animales. La población de leones en África, por ejemplo, ha disminuido en un 43 por ciento en solo 20 años porque la agricultura se ha ido extendiendo a su hábitat. La disminución de sus presas naturales los lleva a atacar el ganado, por lo que los agricultores los cazan para proteger sus ranchos.

B

A   La tecnología permite tener ventaja en la caza, como muestran estas fotografías de cámaras que monitorean animales salvajes (ciervos y lobos) mientras los observan cazadores con arco.
B   Mercado público de Bimbo, República Centroafricana. Aquí, la carne de los animales silvestres es más que una importante fuente de proteínas; es un elemento clave de la economía informal y un indicador de estatus.

La deforestación también se produce para crear nuevas tierras agrícolas y de pastoreo, en particular en América del Sur, donde la demanda mundial de carne de vacuno ha hecho que la tala de bosques tropicales para criar ganado sea rentable. Al eliminar los árboles que transforman el dióxido de carbono en oxígeno, la deforestación contribuye al calentamiento global. Cuantos menos árboles haya, más CO_2 quedará retenido en la atmósfera.

A   La creciente necesidad de soja, fomentada en mayor medida por la demanda de pienso, ha hecho que vastas extensiones de tierras de cultivo en América del Sur se destinen al monocultivo de soja.

B   El ganado camina por un sendero a lo largo de lo que una vez fue la selva amazónica. Las demandas de la agricultura, el pastoreo y la minería han provocado la deforestación de la mayor selva tropical del mundo. Más del 20 por ciento de ella ya ha sido destruida, y cada año se reduce más.

La necesidad de terrenos para cultivar soja también desempeña un papel en la deforestación. Aunque un planeta vegano necesitaría más soja para consumo humano, por su alto contenido en proteínas,

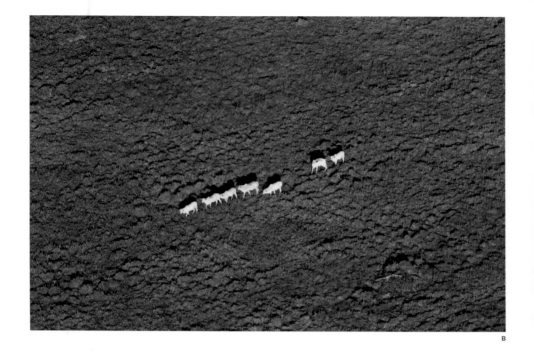

B

la que se cultiva hoy en día para pienso probablemente cubriría con creces esa necesidad: en la actualidad, un 85 por ciento de la cosecha mundial de soja se procesa en forma de harina para alimentar a los animales. Podemos especular que no sería necesario que se produjera una nueva deforestación.

Otra consecuencia interesante de un planeta vegano es el potencial impacto positivo que el veganismo mundial podría tener en las poblaciones de animales salvajes. Según el Fondo Mundial para la Naturaleza y la Sociedad Zoológica de Londres, la mitad de todos los animales salvajes se perdieron entre 1970 y 2010. Y la mayoría de esas pérdidas se produjeron en las naciones en desarrollo.

El **gas metano** es uno de los compuestos orgánicos más comunes en la Tierra. Crea gas natural y está en nuestras emisiones de gas corporal. Constituye alrededor del 10 por ciento de los gases de efecto invernadero y sus propiedades para atrapar el calor son más intensas que las del dióxido de carbono.

El **gas de efecto invernadero** es cualquier gas de la atmósfera de la Tierra que absorbe la radiación infrarroja. Esto lleva a que el calor quede atrapado en la atmósfera y se eleven las temperaturas globales. Los principales gases de efecto invernadero son el vapor de agua, el dióxido de carbono, el metano, el óxido nitroso y el ozono.

El hecho de no necesitar más tierras de pastoreo para satisfacer un apetito aparentemente interminable de carne tendría un enorme impacto en el medio ambiente y en la economía mundial. Asimismo, se detendría la caza de animales salvajes para la alimentación.

Junto con la eliminación gradual de la ganadería, los antibióticos y otros medicamentos utilizados para el ganado se eliminarían del sistema. Dado que un 80 por ciento de los antibióticos producidos en todo el mundo se utilizan para los animales, esto daría lugar a una drástica disminución de la cantidad que se introduce en el ecosistema. Esto sería un desastre financiero para las empresas farmacéuticas que los fabrican. Además, los impactos ambientales del almacenamiento de desechos y la escorrentía, como se indica en el capítulo 2, pronto desaparecerían.

A

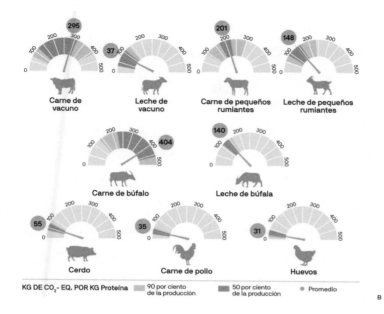

KG DE CO$_2$- EQ. POR KG Proteína   90 por ciento de la producción   50 por ciento de la producción   ● Promedio

B

Además, el veganismo global reduciría el gas metano y otros contaminantes. La ganadería representa el 66 por ciento de todo el gas metano procedente de la agricultura, aunque solo constituye el 37 por ciento del total de las proteínas producidas. El uso que les damos a los animales de granja también contribuye, según cálculos conservadores, a un 14 por ciento de las emisiones de gases de efecto invernadero. Esta cifra equivale aproximadamente a la cantidad de gases de los escapes de los automóviles, trenes, barcos y aviones del mundo.

A   Las vacas del Instituto Ellinbank de investigación lechera en Victoria (Australia) llevan mochilas que miden su producción de metano como parte de los esfuerzos por encontrar formas de reducirla.

B   Este diagrama muestra el promedio de emisiones de CO$_2$ de diferentes animales por la proteína que producen. Así, la carne de búfalo genera mayor emisión y los huevos de gallina la menor. Pero todo depende de las condiciones y las prácticas.

Todos los mamíferos producen gas metano de forma natural, con cada flatulencia y cada ventosidad. El ganado es particularmente flatulento, sobre todo cuando se lo alimenta con una dieta de cereales (que a su cuerpo le cuesta procesar) en lugar de hierba (que, por su evolución, digiere bien). Son más grandes que el resto del ganado y se alimentan con una dieta que no se parece en nada a la que seguirían de forma natural. Esta combinación significa que el ganado produce tres o cuatro veces más emisiones de gases de efecto invernadero que cualquier otro animal que criemos.

En 2016, un estudio de Oxford calculó que la adopción de una dieta vegana en todo el planeta reduciría las emisiones relacionadas con la producción de alimentos en un 70 por ciento, cifra que incluye un aumento de la producción de fertilizantes como sustituto del estiércol. Dado que las emisiones de la producción de alimentos constituyen el 13 por ciento del total, solo superado por el sector de la energía, es probable que esto tenga un efecto considerablemente positivo sobre el calentamiento global y el cambio climático.

Los investigadores del Programa Oxford Martin sobre el futuro de los alimentos han concluido que el beneficio económico de la reducción de las emisiones de gases de efecto invernadero causada por el abandono de dietas que dependen de productos de origen animal podría llegar a los 570 000 millones de USD.

A

B

El **Programa Oxford Martin sobre el futuro de los alimentos** relaciona la investigación de diferentes disciplinas para ayudar a crear un sistema alimentario mundial saludable y sostenible.

El **monocultivo** es el uso de vastas extensiones de tierra para cultivar una sola especie, como se ha desarrollado en la agricultura industrial.

La **pesca de arrastre de fondo** se refiere a arrastrar una gran red con peso a lo largo del fondo marino. Este método recoge todo lo que se encuentra a su paso, conlleva una gran cantidad de captura incidental y causa daños en el lecho oceánico.

C

A/B En la pesca de arrastre de fondo, un portón mantiene la red abierta y cerca del lecho marino. Resultado: un fondo raspado, corales dañados y otros hábitats naturales destruidos.

C Un barco arrastra una jaula de redes en el mar Mediterráneo durante una protesta de Greenpeace en 2010. La ONG lleva tiempo solicitando la prohibición de pescar y vender atún hasta que las reservas se recuperen.

Sin embargo, los resultados son difíciles de predecir, porque dependerán de cómo se establezca el sistema de alimentación. ¿Se sustituiría el estiércol animal por fertilizantes vegetales o sintéticos, cuya producción crea sus propios gases de efecto invernadero? ¿Qué cambios habría en las importaciones y exportaciones?

Grandes extensiones de tierra utilizadas para el monocultivo, en las que actualmente se cultivan los cereales necesarios para alimentar a los animales, podrían dedicarse a cultivos para las personas, lo que crearía mayores recursos alimentarios en menos terreno. Los alimentos disponibles para los seres humanos aumentarían, según cálculos conservadores, en un 23 por ciento (teniendo en cuenta la pérdida de alimentos cárnicos y otros productos animales). Sin embargo, una variable que es difícil de calcular en esta ecuación es la cantidad de tierra adecuada para cultivar otros cultivos que no sean cereales, porque un mundo vegano necesitaría una amplia gama de alimentos vegetales para garantizar una nutrición óptima.

Los efectos de un cambio al veganismo afectarían positivamente a los océanos. Las poblaciones sobreexplotadas tendrían la oportunidad de recuperarse. Los hábitats dañados por la pesca de arrastre de fondo y otros métodos destructivos podrían recuperarse.

Los océanos, que se calientan y tornan cada vez más ácidos debido al cambio climático, también se beneficiarían de la reducción de los gases de efecto invernadero. Una disminución del calentamiento global, o, al menos, de su ritmo, sería conveniente para el 70 por ciento de la superficie de la Tierra que es océano.

A El pelaje espeso y las capas de grasa de los osos polares les ayudan a sobrevivir en las duras condiciones climáticas del Ártico, pero el aumento de las temperaturas y el derretimiento del hielo los alejan de las focas, que son su principal fuente de alimento, lo que provoca que pierdan peso y que la supervivencia de la especie se vea amenazada.

B Johnny Saraiva se burla del gigante de la comida rápida en 2010. Las altas cantidades de grasa, colesterol y sodio que se encuentran en muchas hamburguesas de comida basura suponen un riesgo para nuestra salud cardiovascular.

El aumento de la temperatura oceánica, a su vez, afecta al clima. Genera menos lluvia en la mayoría de las zonas subtropicales y más en muchas regiones templadas de latitud media, lo que repercute en lo que se puede cultivar en cada lugar. Y por cada grado de incremento en los océanos, aumenta la incidencia de huracanes en un 25 a 30 por ciento. Además, si el agua de los mares es más caliente, se producirá más deshielo en glaciares y hielo polar, lo que llevará a un aumento del nivel del mar. Un informe de las Naciones Unidas publicado en 2018 por el Grupo Intergubernamental de Expertos sobre el Cambio Climático determinó que un aumento de un solo grado en la temperatura mundial elevaría el nivel de los océanos en 2,3 m, un cambio que dejaría bajo el agua vastas extensiones de tierra baja en todas partes, desde Birmania hasta Florida, y haría que las tormentas estacionales fueran aún más destructivas. Un cambio a gran escala hacia el veganismo podría reducir el ritmo de todos estos problemas oceánicos impulsados por el clima.

A

El **PIB**, o producto interior bruto, es el valor de mercado de todos los bienes y servicios producidos por un país en un período de tiempo determinado (generalmente un año).

Para las personas, un planeta vegano sería probablemente más saludable. Menos enfermedades cardíacas, menos casos de diabetes tipo 2, una posible disminución de las incidencias de cáncer: todo esto es fácil de imaginar en un mundo vegano. Algunos investigadores sugieren que el cambio significaría una reducción anual de 8,1 millones de muertes evitables.

También se debería considerar la mejora de la calidad de vida de las personas que evitarían padecer enfermedades o afecciones crónicas. De hecho, la reducción de las enfermedades relacionadas con el estilo de vida significaría una menor presión sobre los sistemas de salud y un posible ahorro de entre 700 000 millones y 1 billón de USD en gastos de atención médica y en días de trabajo perdidos. Algunos cálculos sitúan el valor de la reducción del riesgo de muerte entre el 9 y el 13 por ciento del PIB mundial, que equivaldría a entre 20 y 30 billones de USD.

A

B

A   Unos productores de leche europeos rocían leche a los agentes de policía durante una manifestación frente al Parlamento Europeo en Bruselas en 2012. Protestan por un recorte en el precio de la leche que creen que desafía la viabilidad de la industria.
B   Durante una manifestación similar en 2016, esta vez contra los recortes de precios de la carne y los productos lácteos, los agricultores golpearon con paja a la policía antidisturbios desde un esparcidor mecánico a la entrada de un supermercado Carrefour en Le Mans, Francia.
C   Representantes de la Junta Europea de la Leche rocían y queman leche en polvo en el exterior del lugar de reunión de los ministros de Agricultura de la UE en Bruselas, Bélgica, en 2017. Protestan contra la intervención pública en la venta de leche en polvo y exigen una política lechera justa.

Sin embargo, debemos reconocer el hecho de que no solo obtenemos alimento del ganado. Los animales de granja reciclan más de 48 millones de toneladas de alimentos que no son comestibles para los seres humanos, incluidos los desechos agrícolas, como los tallos de maíz, los desperdicios de alimentos, como las cáscaras de patata, los subproductos de la elaboración de fibras y los desechos de la destilería. Los animales pueden alimentarse con estos productos de desecho y convertirlos en alimentos para seres humanos, para mascotas o en productos industriales; asimismo, producirán 4,4 millones de toneladas de fertilizante de nitrógeno en forma de sus propios desechos.

Esto nos lleva a la cuestión de las mascotas. ¿Encajan en un estilo de vida vegano? A nivel filosófico, si el veganismo está en contra de cualquier explotación de los animales, las mascotas no son veganas. Dicho esto, la mayoría de las personas que adoptan un estilo de vida vegano por razones de bienestar animal aman a los animales y a menudo tienen mascotas. Así que la pregunta es, ¿pueden las mascotas ser veganas? ¿Es una dieta sin alimentos de origen animal saludable para los gatos y los perros? Aunque son carnívoros, los perros pueden mantenerse sanos con una dieta vegana cuidadosamente regulada. Por lo tanto, el desarrollo de alimentos veganos variados para perros podría resolver este problema. Los gatos se enfrentan a más retos, incluida la incapacidad de procesar la vitamina D2, que es la vitamina D que se encuentra en las plantas, a diferencia de la vitamina D3, que lo hace en los animales. Al igual que los humanos, los perros pueden procesar D2 hasta cierto grado, aunque tanto los gatos como los perros son incapaces de procesar la vitamina D de la luz solar de la manera en que lo hacen los humanos. Los gatos también necesitan niveles más altos de taurina, y podrían sufrir problemas cardíacos y de visión sin ella.

En cuanto al ámbito humano, un planeta vegano significaría que los productores de carne, los queseros y los pescadores perderían sus empleos. Se derrumbarían industrias enteras.

En Gran Bretaña, más de 315 000 personas trabajan directamente en la ganadería. En Francia, esta representa la mitad de todos los ingresos agrícolas, cuyo total superó los 132 000 millones de USD en 2012. En Brasil, la producción de carne de vacuno supone 360 000 empleos directos y 13 700 millones de USD en exportaciones. La industria ganadera de Estados Unidos emplea a 1,6 millones de personas y representa 31 800 millones de dólares en exportaciones.

c

Si bien una dieta vegana nutritiva es totalmente posible a nivel individual, la ampliación que sería necesaria para atender a toda una población sería un desafío.

Cuando los animales convierten ciertos alimentos de alta densidad energética pero pobres en micronutrientes, como la hierba y los cereales, en músculo o leche o huevos, estos alimentos se vuelven más densos en micronutrientes. Una cosa es que un pequeño porcentaje de la población busque los micronutrientes de otras maneras, pero se necesitarían grandes cambios económicos y sociales para satisfacer las necesidades de toda la población.

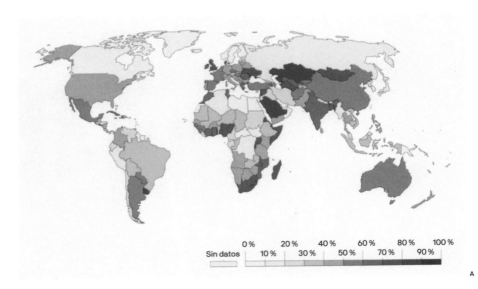

0 % 20 % 40 % 60 % 80 % 100 %
10 % 30 % 50 % 70 % 90 %
Sin datos

A

Los modelos de dietas sin alimentos de origen animal basadas en los patrones de alimentación y el presupuesto actuales tienden a encontrar una deficiencia general de vitaminas B12, D, E y K, así como de calcio y ácidos grasos esenciales. Dicho esto, las dietas que hoy en día incluyen carne son deficientes, a nivel poblacional, en calcio y vitaminas D, E y K. No es de extrañar que la B12 y los ácidos grasos esenciales sean los más problemáticos: se obtienen más común y fácilmente de fuentes animales.

A   En este mapa se muestra el porcentaje de tierra cultivable en diferentes países del mundo que se dedica a un uso agrícola permanente, ya sea para cultivos o pastoreo.

B   Aunque ya se cultivan muchas frutas y hortalizas y gran parte de la tierra ya se utiliza con fines agrícolas, el cambio a un planeta totalmente vegano exigiría un cambio drástico en la forma en que se utiliza esa tierra y qué cultivos se plantan para que todos tengan acceso a una dieta saludable.

Una vez más, esto no significa que una dieta vegana tenga estas deficiencias, solo que el sistema actual no produce cantidades suficientes de los alimentos que necesitamos para satisfacer estos requerimientos nutricionales. Sería necesario hacer ajustes en el uso de la tierra a fin de cultivar la cantidad necesaria de los alimentos adecuados para que las grandes poblaciones obtengan una nutrición apropiada. Cabe señalar que la utilización actual del terreno en muchos países tampoco se ajusta a las guías de nutrición. No hay suficientes frutas y verduras cultivadas y disponibles en las tiendas de Gran Bretaña o de Estados Unidos, por ejemplo, para que todo el mundo pueda comprar y comer cinco porciones al día como se recomienda.

A

B

El coste es otro factor que puede impedir que las personas reciban una nutrición adecuada. En muchos países, los alimentos más nutritivos tienden a ser más caros que los menos nutritivos. Por ejemplo, en Estados Unidos, en 2008, 100 calorías de brócoli costaban 1,93 USD, mientras que 100 calorías de patatas fritas, con muchos menos micronutrientes y menos fibra dietética, solo 0,33 USD; 100 calorías de zanahorias pequeñas cargadas de vitamina A, 2,50 USD, mientras que la misma cantidad de caramelos, 0,39 USD.

Como señala Michael Pollan, autor de *The Omnivore's Dilemma* (2006): «Cuanto más se procesa un alimento, más rentable es». No es que un planeta vegano no tenga muchos alimentos procesados, o que a menudo carezcamos de nutrientes esenciales en nuestra actual sociedad omnívora, sino que un mundo vegano no resuelve necesariamente la división económica que existe entre alimentos

C

A Un policía patrulla la
ceremonia de apertura de un
nuevo McDonald's en Pekín
en 2007. McDonald's abrió su
primer restaurante en China
continental en 1990. En
2017, había más de 2500
restaurantes, con planes
de casi duplicarlos en 2022.

B Un *döner* turco es un ejemplo
de comida tradicional, que
se ama dentro y fuera de su
propia cultura; el abandono
completo de tales platos es
un impedimento importante
para un planeta totalmente
vegano.

C Los puestos de comida
frita son parte integrante
de la Feria Estatal de Utah.
No importa cuán pobres
sean estos alimentos,
siguen siendo muy deseados
por mucha gente.

ricos y pobres en nutrientes.
Y los veganos tienen una mayor
necesidad de dietas ricas en
ellos.

Tal vez el aspecto menos predecible y más
interesante de un planeta vegano sería
el cultural. Lo que comemos no solo da
forma a nuestras comidas, sino también
a los patrones comerciales, las prácticas
sociales e incluso las creencias culturales.

Sustituir el asado de Navidad por un horneado de setas o calabaza
rellena es bastante fácil si solo consideramos tener algo que
comer, pero ¿cuánto tiempo tardaríamos en considerar una comida
así «como de Navidad»? ¿A qué sabe un Día de Acción de Gracias
sin pavo? En las ocasiones en las que la comida simboliza algo
más que la fiesta y la tradición en sí misma, como una pierna de
cordero en un plato Séder para la Pascua judía o un pescado entero
para el Año Nuevo lunar, algunas personas estarán más abiertas
a sustituciones creativas que otras. Los antropólogos pueden
señalar el dinamismo inherente a las prácticas sociales: lo que
es tradición para una generación puede ser irreconocible tres
generaciones después.

En Estados Unidos, la tasa de fumadores se mantuvo en torno al 44 por ciento en el caso de los adultos, entre las décadas de 1940 y 1970. Debido a que disminuyó al 16 por ciento en 2018, fumar ha pasado de ser una norma en las oficinas y lugares públicos a algo que pocos toleran. ¿Podría darse el mismo punto de inflexión con el consumo de carne? ¿Y queremos que así sea?

A   Los cazadores iñupiat cortan una ballena en Utqiaġvik, Alaska (antes conocida como Barrow). La carne de una sola ballena alimenta a la comunidad durante el invierno y relaciona a la gente con sus tradiciones culturales y su forma de vida.

B   La caza de ballenas es un gran trabajo comunitario: 150 personas viajaron tres horas en motos de nieve desde Utqiaġvik, Alaska, para ayudar a matar a una ballena de Groenlandia.

Algunas culturas han desarrollado dietas a base de animales por razones climáticas. ¿Cómo sería un inuit o un masái vegano? ¿Cómo funciona el veganismo en regiones con temporadas de crecimiento cortas? ¿Qué sucede en las culturas en las que los productos de origen animal forman parte de la vida cotidiana?

A

Los inuit y los yupik han sobrevivido durante mucho tiempo gracias a una dieta de productos animales de alta calidad, como focas, morsas, ballenas, osos polares, caribúes, aves, huevos y una gran variedad de peces. A toda esta carne y pescado se le agregan bayas silvestres, tubérculos, pastos comestibles y algas cuando están disponibles, pero la gran mayoría de los alimentos de la dieta tradicional ha sido fruto de la caza en lugar de la recolección.

Otras personas de climas que limitan el desarrollo agrícola, o que experimentan temporadas de crecimiento extremadamente cortas, tienen dietas que, por tradición, son altas en carne, lácteos y huevos. No todos estos grupos poblacionales muestran los efectos negativos de una dieta de este tipo. Existen muchas paradojas, incluida la inuit, en la que una dieta que parece poco saludable no genera la presunta enfermedad cardíaca, la hipertensión arterial y la diabetes tipo 2 que los nutricionistas podrían predecir. En el caso de los inuit, la elevada proporción de carne cruda o congelada, junto con la carne ligeramente fermentada (un proceso que crea niveles más altos de carbohidratos), parece ser una combinación mágica.

Los **inuit** son pueblos indígenas de las zonas árticas y subárticas de Alaska, Canadá y Groenlandia.

Los **masái**, que significa «gente que habla maa», son un grupo étnico de África oriental.

Los **yupik** son indígenas de las zonas árticas y subárticas de Alaska y el este de Rusia.

B

La dieta tradicional de los masái consiste en leche, sangre y carne, a menudo cruda, del ganado que crían. Algunos masái casi nunca consumen fruta o verduras; otros comen pequeñas cantidades de ellas. Al igual que con los inuit y los yupik, de su dieta apenas derivan problemas de salud. Se han citado los altos niveles de actividad en todos los grupos como posibles factores atenuantes.

A

A Guerreros masái sacrifican una vaca y drenan su sangre para hacer una bebida tradicional muy nutritiva de sangre y leche. Criar ganado y comer esta dieta rica en proteínas es una parte tan importante de su cultura, que está claro que convertirse en vegano cambiaría completamente su identidad.

B Fundada en 1888, Katz's Delicatessen, en la calle Houston de Nueva York, fotografiada aquí por Thomas Hoepker (1986), es famosa por sus tradicionales productos judíos, como el pastrami, la carne en conserva y el salmón ahumado, sin olvidar los *hot dogs* de res, los *latkes* con crema agria y la sopa de bolas de *matzá* con caldo de pollo.

En cualquier caso, se trata de poblaciones y culturas enteras construidas en torno a la caza y el consumo de animales. ¿Qué sucedería no solo a nivel económico, sino también cultural, si necesitaran importar otros alimentos en caso de que esas prácticas dejen de existir? ¿Serán o pueden ser reemplazadas? ¿O es imposible mantener una identidad que tiene siglos o incluso milenios de antigüedad si se produce un cambio tan fundamental?

A fin de cuentas, un planeta vegano tiene mucho que ofrecer.

Es casi seguro que sería más verde, más sostenible y saludable para la mayoría de la gente. Pero también podría parecer un planeta con menos variedad. Más saludable a nivel individual y colectivo, sí, pero se plantea una pregunta legítima acerca de su sostenibilidad social y psicológica, así como humana.

Conclusión

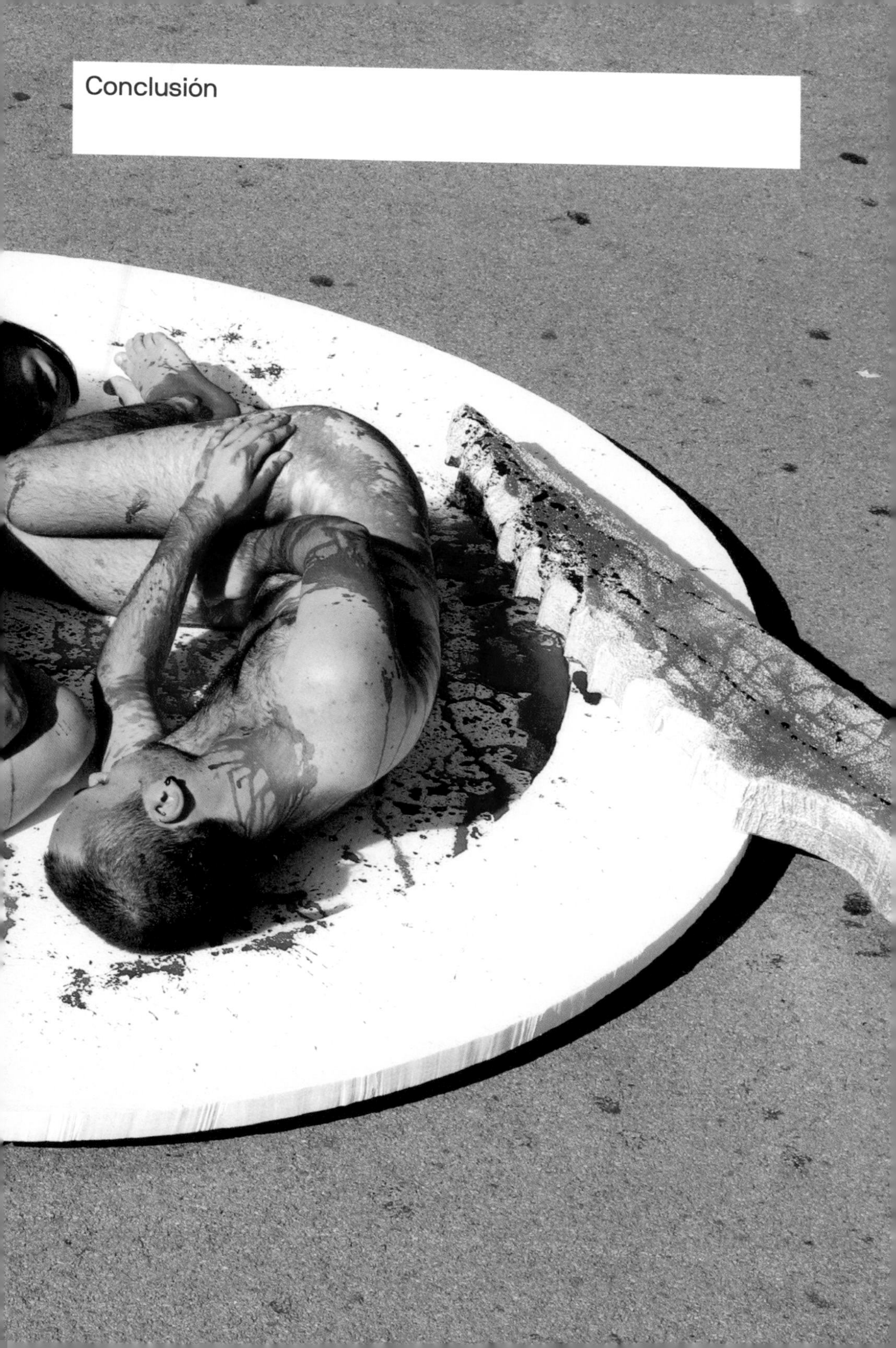

Entonces, ¿deberíamos ser veganos todos? Todas las pruebas apuntan a un «sí» categórico.

Una dieta centrada en las plantas resuelve un número creciente de problemas relacionados con nuestra salud, el bienestar de los animales, el medio ambiente y el sistema alimentario.

A Restaurantes vegetarianos como The Butcher's Daughter, en Nueva York y Los Ángeles, ofrecen a los comensales numerosas opciones a base de plantas de lo que llaman su «matadero vegetal», donde «pican, filetean y trinchan verduras frescas».

B By Chloe, con sucursales en Nueva York, Boston, Los Ángeles y Londres, ofrece a los comensales alternativas veganas de platos estadounidenses populares, como hamburguesas y patatas fritas, así como bebidas heladas veganas en lugar de los tradicionales batidos.

Sin embargo, dado que la carne simboliza abundancia y celebración en muchas culturas, y dada la capacidad de los animales para convertir alimentos que de otro modo no serían comestibles para los humanos y hacer uso de tierras que de otro modo serían improductivas, por no mencionar que a muchas personas les apetece comer carne, parece poco probable que un cambio completo al veganismo se produzca pronto.

A

La alimentación **centrada en las plantas** va en contra de la tradición occidental de poner la carne en el centro del plato. En cambio, los alimentos de origen vegetal, como los cereales, las legumbres y las verduras, ocupan el primer lugar, y los productos de origen animal se utilizan para resaltar el sabor o la textura, más que como los protagonistas de una comida.

B

Pero no es necesario un cambio completo hacia un planeta totalmente vegano para obtener algunos, si no la mayoría, de los beneficios de los alimentos de origen vegetal. Las personas pueden aprovechar los beneficios de situar las verduras en el centro e influir de manera positiva en el sistema alimentario con cambios graduales.

Reducir el número de personas que comen productos de origen animal, ya sea siempre o de forma puntual, causaría un impacto considerable. El hecho de que hubiera menos animales que cuidar debería significar que podrían criarse de acuerdo con las mejores normas humanitarias, sostenibles y orgánicas, de manera que podrían expresar sus comportamientos naturales, que no fueran perjudiciales (sino útiles) para el medio ambiente. En consecuencia, su carne sería más nutritiva, como resultado de una dieta mejor y más ejercicio, y su estiércol proporcionaría un rico fertilizante para las plantas que formarían el grueso de nuestra dieta.

A

Los pollos de engorde y las gallinas ponedoras podrían criarse en pastos. Podrían pasar una parte de su tiempo al aire libre cazando, picoteando y escarbando en prados y pastos. Luego, pondrían huevos repletos de vitaminas y minerales, con yemas de colores brillantes, gracias a una dieta variada y natural, y producirían carne creada a partir de una dieta saludable y ejercicio, no de una crianza como la de Frankenstein. Del mismo modo, los cerdos podrían volver a salir de los corrales, amamantar a sus lechones y revolcarse en el barro para refrescarse. Podrían ser alimentados con una dieta omnívora variada y nutritiva, y producir una carne sabrosa y sin antibióticos.

A   Los pollos de la granja Polyface en Swoope, Virginia, viven al aire libre durante el día y en gallineros seguros con perchas por la noche. Viven como lo harían de forma natural: rascando y picoteando para obtener una dieta variada, y estableciendo jerarquías que mantienen la estabilidad grupal.

B   La mejora de los almuerzos escolares en Gran Bretaña y Estados Unidos se ha centrado en cambiar los alimentos muy procesados por frutas y verduras frescas.

El ganado podría volver a ser alimentado completamente con pasto, sin ningún cereal o corral de engorde a la vista. Su pastoreo podría gestionarse correctamente y resultar regenerativo para mejorar el suelo en el que pastan en lugar de destruirlo. Como resultado de ello, su carne estaría llena de ácidos grasos naturales para compensar el colesterol y las grasas saturadas que contiene, y, aun así, proporcionar una impresionante fuente de proteínas, hierro y vitamina B12. La carne podría recuperar su valor festivo y ocasional, para celebrar.

Las dietas con más plantas y menos carne llevarían a mejoras en la salud, incluso aunque no todos se volvieran veganos completos o estrictos. De hecho, hay muchos modelos posibles de formas de alimentación que aprovechan algunos de los beneficios del veganismo sin rechazar todos los productos de origen animal. Algunos estudios estiman que la tasa de mortalidad disminuiría entre un 10 y un 15 por ciento si la gente simplemente no comiera carne roja.

Tales cambios también pueden causar un impacto ambiental. En 2019, un estudio en *The Lancet* fomentó la «dieta de salud planetaria» para disminuir la diabetes, los accidentes cerebrovasculares y las enfermedades cardíacas, así como para mitigar el daño ambiental. La dieta implica una reducción drástica de la carne roja, el azúcar y los alimentos procesados, y un aumento de cereales enteros, frutas, verduras, frutos secos y legumbres. Aunque no es vegana porque da importancia al consumo de lácteos, huevos, aves y mariscos, la dieta muestra que los grandes beneficios para la salud y el medio ambiente prometidos por muchos defensores del veganismo se pueden lograr con dietas no radicales.

Los Lunes Sin Carne son un ejemplo de un simple paso hacia un menor consumo de esta. La idea comenzó en Estados Unidos en 2003 como una iniciativa de *marketing* en cooperación con la Escuela de Salud Pública Johns Hopkins Bloomberg para alentar a las personas a evitar el consumo de carne al menos un día a la semana. En la actualidad, se realizan campañas similares en todo el mundo para reducir su consumo por razones ambientales y sanitarias.

B

Muchas tendencias dietéticas contemporáneas trabajan con la noción de «días trampa», en los que se sigue una dieta bastante estricta durante cinco o seis días a la semana y se deja un día o dos para ser más flexible. El veganismo podría seguir el ejemplo. La duquesa de Sussex afirma que lleva un régimen vegano durante la semana y es «un poco más flexible» durante los fines de semana. En una línea similar, el libro de Mark Bittman *VB6: Eat Vegan Before 6:00* (2013) describe cómo concentrarse en eliminar los productos de origen animal de dos comidas diarias.

A   La sudadera de Beyoncé en su vídeo de 2014 para la canción «7/11» reflejó y fomentó la locura por el kale entre los milénicos, ya que se dispararon las ventas de la antes poco conocida verdura.

B   La hamburguesa «flexitariana» de Byron Hamburger contiene un 70 por ciento de carne y un 30 por ciento de setas. Está dirigida a aquellos que tratan de reducir su consumo de carne sin eliminarla por completo.

C   La sensación creada por el lanzamiento del rollo de salchicha vegano de Gregg's en 2019 demostró la enorme demanda de sabrosas alternativas veganas a los alimentos tradicionales.

A

B

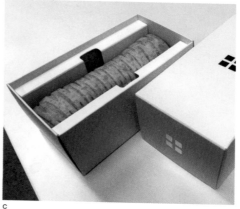

C

Beyoncé, una abierta defensora de la alimentación a base de plantas, admite que no siempre es vegana. Adopta el veganismo cuando se prepara para las giras, y con su marido, Jay-Z, promueve un programa de nutrición vegano de 22 días. Dice que sus períodos veganos le ayudan siempre a tomar mejores decisiones. Naturalmente, para mucha gente es difícil rechazar la carne por completo, y mucho menos todos los productos de origen animal. Russell Brand y Venus Williams son veganos conocidos que admiten que a veces resulta difícil seguir la dieta, pero lo hacen lo mejor que pueden.

Los **días trampa** son días en los que la gente no sigue su dieta como parte del régimen. El concepto fue popularizado por *El cuerpo perfecto en 4 horas* (2010) de Tim Ferriss. Existen distintas versiones en muchas dietas, que varían la cantidad que se consume en diferentes días, como la dieta 5:2.

Albert Einstein (1879-1955) fue un físico teórico que desarrolló la teoría de la relatividad, una piedra angular de la física moderna.

Incluso Albert Einstein, que proclamó los méritos de no consumir carne, no siempre lo hizo, a pesar de haber sido un simpatizante de la causa durante mucho tiempo. «Aunque las circunstancias externas me han impedido seguir estrictamente una dieta vegetariana, siempre he sido un gran defensor de los principios de esta causa», escribió en 1930. «Además de estar de acuerdo con los objetivos del vegetarianismo por razones estéticas y morales, pienso que la forma vegetariana de vivir, meramente por su efecto físico en el temperamento humano, tendría una influencia muy beneficiosa en toda la humanidad».

A

Tal y como hemos analizado, por su efecto puramente físico, el veganismo puede ser la mejor opción, pero los humanos no son solo seres físicos. Somos seres sociales, culturales, psicológicos y culinarios. «Dime lo que comes y te diré quién eres», escribió el escritor y gastrónomo francés de principios del siglo XIX Jean Anthelme Brillat-Savarin.

Por esta razón, el veganismo puede ser demasiado para muchas personas, con independencia de sus muchos beneficios. Por suerte, como con tantas otras cosas, se puede disfrutar de los beneficios de un estilo de vida vegano de forma progresiva. No tiene por qué ser todo o nada.

A/B Según el Departamento de Agricultura de Estados Unidos, el número de mercados agrícolas en ese país se duplicó entre 2006 y 2016. Los mercados son anuncios vivos de una mejor alimentación. La gran variedad de colores y sabores que se ofrecen, junto con la oportunidad de conversar con las personas que cultivan los alimentos, puede llevar a los visitantes a comprar y cocinar más productos frescos, un factor importante para mejorar la dieta en general.

Si bien la adopción de una dieta vegana a escala global evitaría 8,1 millones de muertes para 2050, una dieta vegetariana evitaría 7,3 millones de muertes, y las dietas que simplemente incluyeran menos carne evitarían 5,1 millones. De manera similar, aunque una dieta vegana reduciría las emisiones de gases de efecto invernadero en un 70 por ciento, una vegetariana lo haría en un 63 por ciento, y una alimentación con menos carne, en un 29 por ciento. Sí, el veganismo gana, pero las otras opciones también suponen una diferencia y podrían ser más factibles.

No hagamos de lo perfecto el enemigo de lo bueno. Cualquier paso que demos hacia una dieta más saludable y un sistema alimentario más sostenible con menos impactos ambientales va en la dirección correcta.

Lecturas y películas recomendadas

Adams, C. J., *The Sexual Politics of Meat — 25th Anniversary Edition: A Feminist-Vegetarian Critical Theory*. Londres: Bloomsbury Academic, 2015.

The Animals Film, dirigida por M. Alaux y V. Schonfeld, Beyond the Frame Ltd, 1981.

Campbell, T. C. y Campbell, T. M. II, *El estudio de China: el estudio de nutrición más completo realizado hasta el momento; efectos asombrosos en la dieta, la pérdida de peso y la salud a largo plazo*. Dallas: Benbella Books, 2012.

Clarke, E., *The Little Book of Veganism*. Chichester: Summersdale, 2015.

Davis, A., *Let's Eat Well to Keep Fit*. San Diego: Harcourt, Brace and Company, 1954.

Davis, B. y Melina, V., *Becoming Vegan: The Complete Reference to Plant Nutrition*. Summertown: Book Pub Co., 2014.

Davis, G., *Proteinaholic: How Our Obsession With Meat Is Killing Us and What We Can Do About It*. Nueva York: HarperOne, 2016.

Dawn, K., *Thanking the Monkey: Rethinking the Way We Treat Animals*. Nueva York: William Murrow, 2014.

Estabrook, B., *Pig Tales: An Omnivore's Quest for Sustainable Meat*. Nueva York: W. W. Norton & Co, 2015.

Faruqi, S., *Project Animal Farm: An Accidental Journey into the Secret World of Farming and the Truth About our Food*. Nueva York: Pegasus Books, 2016.

Foer, J. S., *Comer animales*. Barcelona: Booket, 2012.

Food Inc., dirigido por R. Kenner, Magnolia Pictures, 2008.

Tenedores sobre cuchillos, dirigido por L. Fulkerson, Monica Beach Media, 2011.

Genoways, T., *The Chain: Farm, Factory, and the Fate of Our Food*. Nueva York: HaperCollins, 2015.

Gregory, J., *Of Victorians and Vegetarians: The Vegetarian Movement in Nineteenth-Century Britain*. Londres: Tauris Academic Studies, 2006.

Hamilton, L., «The Quinoa Quarrel», *Harper's Magazine*, mayo de 2014.

Una verdad incómoda, dirigido por D. Guggenheim, Lawrence Bender Productions, 200.

Joy, M., *Por qué amamos a los perros, nos comemos a los cerdos y nos vestimos con las vacas*. Madrid: Plaza y Valdés, 2013.

Kirby, D., *Animal Factory: The Looming Threat of Industrial Pig, Dairy, and Poultry Farms to Humans and the Environment*. Nueva York: St. Martin's Griffin, 2011.

Lappé, A., *Diet for a Hot Planet: The Climate Crisis at the End of Your Fork and What You Can Do About It*. Nueva York: Bloombury USA, 2011.

Lappé, F. M., *Diet for a Small Planet*, edición del 20 aniversario. Nueva York: Ballantine, 1991.

Lappé, F. M. y Lappé, A., *Hope's Edge: The Next Diet for a Small Planet*. Nueva York: TarcherPerigee, 2003.

Lindstrom, E. C., *The Skeptical Vegan: My Journey from Notorious Meat Eater to Tofu-Munching Vegan – A Survival Guide*. Nueva York: Skyhorse Press, 2017.

Marcus, E., *Vegan: The New Ethics of Eating.* Ithaca: McBooks Press, 2000.

McWilliams, J., *The Modern Savage: Our Unthinking Decision to Eat Animals.* Nueva York: Thomas Dunne Books, 2015.

Ofei, M. y Ofei, M., *The Minimalist Vegan: A Simple Manifesto on Why to Live With Less Stuff and More Compassion.* Edenvale: The Minimalist Co. Pty, 2017.

Pollan, M., *Cocinar: una historia natural de la transformación.* Barcelona: Editorial Debate, 2016.

Pollan, M., *El dilema del omnívoro: en busca de la comida perfecta.* Barcelona: Debate, 2017.

Pollan, M., «Power Steer», *The New York Times*, 31 de marzo de 2002.

Preese, R., *Sins of the Flesh: A History of Ethical Vegetarian Thought.* Vancouver: UBC Press, 2008.

Schlosser, E., *Fast Food Nation.* Nueva York: Mariner Books, 2001.

Shelley, P. B., *A Vindication of a Natural Diet.* Londres: J. Callow, 1813.

Sinclair, U., *La jungla.* Madrid: Capitán Swing, 2012.

Singer, P., *Liberación animal: el clásico definitivo del movimiento animalista.* Madrid: Taurus, 2018.

Spencer, C., *The Heretic's Feast: A History of Vegetarianism.* Lebanon: University Press of New England, 1995.

Stuart, T., *The Bloodless Revolution: A Cultural History of Vegetarianism from 1600 to Modern Times.* Nueva York: W.W. Norton & Co, 2007.

Super Size Me, dirigido por Morgan Spurlock, The Con, Kathbur Pictures, y Studio on Hudsan, 2004.

Taft, C., *Millennial Vegan: Tips for Navigating Relationships, Wellness, and Everyday Life as a Young Animal Advocate.* Boston: Vegan Publishers, 2017.

Tuttle, W., *The World Peace Diet, Tenth Anniversary Edition: Eating for Spiritual Health and Social Harmony.* Brooklyn: Lantern Books, 2016.

Walters, K. y Portmess, L., *Ethical Vegetarianism: From Pythagoras to Peter Singer.* Albany: SUNY Press, 1999.

Créditos de las imágenes

Se ha hecho todo lo posible por identificar y mencionar a los titulares de los derechos del material que se reproduce en este libro. El autor y la editorial se disculpan por cualquier omisión o error que hubiera que enmendar en futuras ediciones.

s = superior, i = inferior, c = centro, iz = izquierda, d = derecha

63 iz Pierre Gleizes / Greenpeace
63 d C. Ortiz Rojas / NOAA
64 iz Lisa Noble / Getty Images
64 d nik wheeler / Alamy Stock Photo
65 Sharp / Travel Channel / Kobal / REX / Shutterstock
66 Sweet Potato Soul, de Jenné Claiborne, sweetpotatosoul.com
67 David L. Ryan / The Boston Globe a través de Getty Images
68 s Evgeniy Salov / Alamy Stock Photo
68 i Patrick Pleul / DPA / PA Images
69 Planet Surf Camps
70 iz Sophia Spring
70 d Alicia Grimshaw, About Time Magazine
71 iz rawmanda.com
71 d Paris by Vegan, @ parisbyvegan
72-73 Visions of America / UIG a través de Getty Images
74 Team Vinchay Running Club, teamvinchay.org
75 s Elena Schweitzer / Dreamstime.com
75 i Ziprashantzi / Dreamstime.com
76 Colección Wellcome, Londres
77 Temple of Seitan, templeofseitan.co.uk
78 Antonio Romero / Science Photo Library
79 iz Victor de Schwanberg / Science Photo Library
79 d Lindsey Rose Johnson
80 Roger Ressmeyer / Corbis / VCG a través de Getty Images
81 dpa picture alliance / Alamy Stock Photo
82 Holger Hollemann / AFP / Getty Images
83 NeONBRAND, Sprouts Farmers Market
85 i imageBROKER / Alamy Stock Photo
86 StockFood Ltd. / Alamy Stock Photo
87 siz, sd, iiz Yulli's Brews
87 id Alternation Brewing Company
88 VCG a través de Getty Images

89 iz Nigel Roddis / Bloomberg a través de Getty Images
89 d Simon Dawson / Bloomberg a través de Getty Images
90 Reuters / Robert Pratta
91 Reuters / Jo YongHak
92 Gaz Oakley
93 Ugly Vegan
94 s Nicolas Asfouri / AFP / Getty Images
94 i Lynn Betts / Departamento de Agricultura de Estados Unidos, Servicio de Conservación de Recursos Naturales
95 s NASA
95 i Liu Jin / AFP / Getty Images
96 www.Huguenotfarm.com
97 Veronique de Viguerie / Getty Images
98 Stefan Jeremiah / REX / Shutterstock
99 Lisa Wiltse / Bloomberg a través de Getty Images
100-101 Yuri Smityuk / TASS a través de Getty Images
102 Martin Parr / Magnum Photos
103 Gráfico de MEAT ATLAS, publicado por la Fundación Heinrich Böll, Berlín, Alemania, y Amigos de la Tierra Europa, Bruselas, Bélgica, 2014
104 Catskill Animal Sanctuary, Saugerties, Nueva York
105 SWNS
106 Bowhunting.com
107 Florent Vergnes / AFP / Getty Images
108 Yasuyoshi Chiba / AFP / Getty Images
109 Reuters / Nacho Doce
110 Eddie Jim / The Sydney Morning Herald y The Age Photos
111 Organización de las Naciones Unidas para la Alimentación y la Agricultura, Modelo de Evaluación Ambiental Mundial del Ganado (GLEAM), http://www.fao.org/gleam/results/en/. Reproducido con permiso

112 s RGB Ventures / SuperStock / Alamy Stock Photo
112 i The Book Worm / Alamy Stock Photo
113 Andreas Solaro / AFP / Getty Images
114 Biosphoto / Alamy Stock Photo
115 Energy Kitchen
116 s Geert Vanden Wijngaert / AP / REX / Shutterstock
116 i Jean-Francois Monier / AFP / Getty Images
117 Stephanie Lecocq / EPA / REX / Shutterstock
118 ourworldindata.org/yields-and-land-use-in-agriculture (Fuente www.fao.org/faostat/es/#data)
119 Richard Kalvar / Magnum Photos
120 iz Guang Niu / Getty Images
120 d batuhan toker / Alamy Stock Photo
121 Talyn Sherer, talynsherer.com
122-123 Richard Olsenius / National Geographic / Getty Images
124 s hadynyah / Getty Images
124 i Basia Kruszewska
125 Thomas Hoepker / Magnum Photos
126-127 Andreu Dalmau / EPA-EFE / REX / Shutterstock
128 Robert K. Chin - Storefronts / Alamy Stock Photo
129 Krista Schlueter
130 Jessica Reeder, jhfearless.com
131 Departamento de Agricultura de Estados Unidos
133 iz GirlEatsWorld.co.uk
133 d Edd Dracott / PA Archive / PA Images
134 Photofusion / UIG a través de Getty Images
135 Dukas / UIG a través de Getty Images Shutterstock
135 s Banaras Khan / AFP / Getty Images
135 i Sabah Arar / AFP / Getty Images

Índice

Agradecimientos:
Todos los libros son el resultado de un gran
trabajo en equipo. Estoy en deuda con Jane
Laing, Tristan de Lancey, Phoebe Lindsley
e Isabel Jessop de Thames & Hudson por su
visión y experiencia, y por la paciencia que
tuvieron con una escritora remota para producir
este volumen. Una gran cantidad de amigos
y colegas, con o sin su conocimiento,
desempeñaron un papel en este libro, entre los
que destacan Tara Duggan, Clare Leschin-Hoar,
Urvashi Rangan y Kate Washington. Los
animados debates sobre quién come qué
y por qué son las razones menos importantes
por las que estaré eternamente agradecida
con Steven Wolf y Ernest Wolf.

BLUME

Título original *Should We All Be Vegan?*

Edición Matthew Taylor
Texto Molly Watson
Traducción Marissa Aguayo Gavilano
Coordinación de la edición en lengua española
Cristina Rodriguez Fischer

Primera edición en lengua española 2020

© 2020 Naturart, S.A. Editado por BLUME
Carrer de les Alberes, 52, 2.º, Vallvidrera
08017 Barcelona
Tel. 93 205 40 00 e-mail: info@blume.net
© 2019 Thames & Hudson Ltd, Londres
© 2019 del texto Molly Watson

ISBN: 978-84-18459-01-6

Depósito legal: B.18518-2020

Impreso en Estellaprint, Estella (Navarra)

WWW.BLUME.NET

Agradecimientos:
Todos los libros son el resultado de un gran
trabajo en equipo. Estoy en deuda con Jane
Laing, Tristan de Lancey, Phoebe Lindsley
e Isabel Jessop de Thames & Hudson por su
visión y experiencia, y por la paciencia que
tuvieron con una escritora remota para producir
este volumen. Una gran cantidad de amigos
y colegas, con o sin su conocimiento,
desempeñaron un papel en este libro, entre los
que destacan Tara Duggan, Clare Leschin-Hoar,
Urvashi Rangan y Kate Washington. Los
animados debates sobre quién come qué
y por qué son las razones menos importantes
por las que estaré eternamente agradecida
con Steven Wolf y Ernest Wolf.

BLUME

Título original *Should We All Be Vegan?*

Edición Matthew Taylor
Texto Molly Watson
Traducción Marissa Aguayo Gavilano
Coordinación de la edición en lengua española
Cristina Rodríguez Fischer

Primera edición en lengua española 2020

© 2020 Naturart, S.A. Editado por BLUME
Carrer de les Alberes, 52, 2.°, Vallvidrera
08017 Barcelona
Tel. 93 205 40 00 e-mail: info@blume.net
© 2019 Thames & Hudson Ltd, Londres
© 2019 del texto Molly Watson

ISBN: 978-84-18459-01-6

Depósito legal: B.18518-2020

Impreso en Estellaprint, Estella (Navarra)

WWW.BLUME.NET